Expressionismus 04/2016
Expressionistinnen

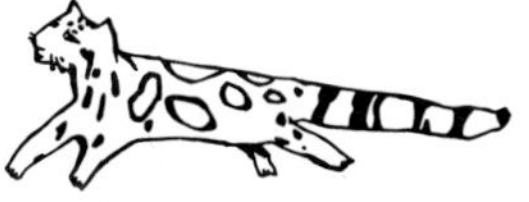

Expressionismus

04/2016

Expressionistinnen

Herausgegeben von
Kristin Eichhorn
Johannes S. Lorenzen

Neofelis Verlag

Expressionismus
04/2016: Expressionistinnen
Hrsg. v. Kristin Eichhorn / Johannes S. Lorenzen

Umweltschonend gedruckt auf Circle Offset Premium White
(100 % Recyclingpapier, Blauer Engel).

Bibliografische Information der Deutschen Nationalbibliothek
Die Deutsche Nationalbibliothek verzeichnet diese Publikation in der Deutschen Nationalbibliografie; detaillierte bibliografische Daten sind im Internet über http://dnb.d-nb.de abrufbar.

2. Auflage, 2025

Umschlaggestaltung: Marija Skara
Lektorat & Satz: Neofelis Verlag (mn / ae)
Druck: Allgäu Druck & Medien, Germaringen
ISSN: 2363-5592
ISBN (Print): 978-3-95808-114-7
ISBN (PDF): 978-3-95808-164-2

Erscheinungsweise: zweimal jährlich
Jahresabonnement 30 €, Förderabonnement 50 €, Einzelheft 18 €
Erhältlich in Ihrer Buchhandlung oder direkt beim Neofelis Verlag unter:
vertrieb@neofelis-verlag.de

Ein Abonnement verlängert sich automatisch um ein Jahr, wenn die Kündigung nicht mindestens drei Monate vor Ende des Kalenderjahrs erfolgt ist.

www.neofelis-verlag.de
Neofelis Verlag GmbH, Kuglerstr. 59, D-10439 Berlin, info@neofelis-verlag.de

Inhalt

Editorial

Der Expressionismus als weibliche Kunst?

Kaum eine Kunstrichtung scheint so stark männlich dominiert zu sein wie der Expressionismus: So sind es in der Regel Männerzirkel, die in den Blick geraten. Freilich geht der Beginn des 20. Jahrhunderts mit einer sukzessiven Ablösung des konventionellen (gutbürgerlichen) Frauenbildes einher.[1] Somit ergibt sich bei allen Widerständen für viele Frauen nach und nach erstmals die Möglichkeit, sich mit anderen Künstler/innen zu vernetzen, Kunsthochschulen zu besuchen und unter eigenem Namen zu arbeiten. Auf der anderen Seite leben die traditionellen Geschlechterbilder weiter fort und werden mit symbolischen Funktionen aufgeladen. So zielt die Kriegs- und Gewaltbegeisterung, die den Frühexpressionismus bestimmt, nicht zuletzt auf eine Überwindung der ‚Verweiblichung' der Zivilgesellschaft und reagiert auf den vermeintlichen Verlust männlicher Stärke und Ursprünglichkeit in der Moderne, während die Frau, wie Frank Krauses einleitender Beitrag zeigt, den Mann zum entsprechenden Handeln erst inspiriert. Freilich gilt es zu unterscheiden zwischen der Sicht, der weiblichen Akteure selbst (die auch keineswegs einheitlich ist) und der Darstellung von Weiblichkeit durch männliche Expressionisten.

Die expressionistische Theoriebildung beschäftigt sich intensiv mit dem seit der Romantik[2] besonders prominenten Gegensatz von ‚männlichem' und ‚weiblichem' Prinzip, die sich vor allem aus dem Körperbau von Mann und Frau herleiten und sich in der Natur ebenso gegenseitig ergänzen wie in der Kunst.[3] Die den Geschlechtern zugeschriebenen Eigenschaften und Rollenbilder werden nicht in Frage gestellt, sondern man bemüht sich eher um eine Aufwertung des ‚weiblichen Prinzips', dessen Bedeutung endlich anerkannt werden müsse, und leitet daraus einen emanzipatorischen Anspruch der Frauen ab:

1 Vgl. zu diesem Befund etwa Raoul Hausmann: Zur Auflösung des bürgerlichen Frauentypus. Unter Berücksichtigung eines Einzelfalles. In: *Die Erde* 1,14/15 (1919), S. 461–465.

2 Die Parallele zwischen 1800 und 1900 wird sehr deutlich in Friedrich Kittler: *Aufschreibesysteme 1800–1900*. 4. vollständig überarb. Neuaufl. München: Fink 2003.

3 Vgl. z. B. Prentice Mulford: Die Kraft der Frau. Übertragen von Max Hayek. In: *Der Friede* 3,55 (1919), S. 61–63; Walter Petry: Vom männlichen und weiblichen Prinzip. In: *Der Einzige* 3,4 (1921), S. 136–140.

> Die der Frau eigentümliche Urteilskraft, ihre „Intuition", wie wir sagten, wird noch immer geringgeschätzt, wo nicht gar verachtet, obgleich diese Geringschätzung und Verachtung allmählich schwinden. Betrachtet sich doch manche Frau selbst als „inferior" – wozu sie allerdings zum guten Teile durch den Mann und die stumme Übereinstimmung anderer Frauen gebracht wurde. Freilich bestärkt sie, in Einbekenntnis ihrer Inferiorität, des Mannes geringschätzendes Urteil über sie. Denn wer sich selber als inferior betrachtet, der wird es auch allgemach sein.[4]

Denn: „Jede Frau [...] trägt im Geiste den göttlichen Keim ihrer erhabenen Intuition oder die Kraft, eine Wahrheit der Gottheit eher schauen zu können als der Mann."[5] Und so lässt sich leicht beobachten, dass die künstlerische Arbeit von Frauen sich auf oft bestimmte ‚häusliche' Domänen konzentriert, wenn etwa die Architektin Margaret Staal-Kropholler ausschließlich im Bereich des Innendesigns und der Wohnbauarchitektur tätig wird, der Wirkungskreis der Frauen also durch den Geschlechterdiskurs und seine Vorannahmen weiterhin praktisch beschränkt ist. Dass die künstlerische Produktion gemeinhin männlich konnotiert ist, dürfte ein Übriges dazu beigetragen haben.[6]

Die Frage nach einem ‚weiblichen' Expressionismus ist vonseiten der Forschung bereits aufgeworfen worden. Vorrangig ging es dabei in erster Linie darum, die häufig von der Geschichte vergessenen weiblichen Akteure und ihre Rolle innerhalb der Bewegung wiederzuentdecken und darauf aufmerksam zu machen, dass es eben nicht nur die Männer sind, die dem Expressionismus sein Gesicht gaben. Zu diesem Zweck eignen sich Anthologien[7] und Überblicksbände[8] in Form von ‚Porträts' der einzelnen Frauen, wie sie in der Tat vorrangig vorliegen. Dabei spielt das Thema auch auf Tagungen und Konferenzen

4 Mulford: Die Kraft der Frau, S. 63.

5 Ebd.

6 Vgl. dazu Rozsika Parker / Griselda Pollock: *Old Mistresses. Women, Art and Ideology*. London: Routledge / Kegan Paul 1981, sowie im direkten Anschluss daran: Kathrin Hoffmann-Curtius / Silke Wenk (Hrsg.): *Mythen von Autorschaft und Weiblichkeit im 20. Jahrhundert*. Marburg: Jonas 1997, S. 11–27.

7 Hartmut Vollmer (Hrsg.): *„In roten Schuhen tanzt die Sonne sich zu Tod". Lyrik expressionistischer Dichterinnen*. Zürich: Arche 1993; ders. (Hrsg.): *Die rote Perücke. Prosa expressionistischer Dichterinnen*. Paderborn: Igel 1996. Beide Anthologien sind inzwischen in Neuauflagen verfügbar.

8 Britta Jürgs (Hrsg.): *Wie eine Nilbraut, die man in die Wellen wirft. Portraits expressionistischer Künstlerinnen und Schriftstellerinnen*. Berlin: AvivA 1992.

immer wieder eine Rolle, so in dem Panel im Rahmen der Tagung der Northeast Modern Language Association 2016, von dem Julie Shoults in diesem Heft berichtet.

Über die Neubeschäftigung mit einzelnen Künstlerinnen hinaus stellt sich die Frage danach, ob es so etwas wie einen typisch weiblichen Expressionismus überhaupt gibt, der sich durch die Wahl bestimmter Themenfelder bzw. künstlerischer Gestaltungsmittel aus der Analyse herauslesen lässt. Von der Vielseitigkeit, der Problematik, aber auch des Werts des Begriffs eines weiblichen Expressionismus zeugen die Aufsätze dieses Heftes, indem sie zunächst den Blick auf die Frage richten, wie typisch männliche expressionistische Themenfelder hinsichtlich der Geschlechterfrage behandelt bzw. wie sie von Frauen aufgegriffen werden. Dies gilt für das Thema Krieg, an dem Krause seine Überlegungen zum weiblichen Expressionismus als Terminus exemplifiziert, ebenso wie für den für den Expressionismus so charakteristischen Generationenkonflikt, der eigentlich immer als Vater/Sohn-Konflikt gedacht ist. Rolf Löchel stellt stattdessen die Frage nach dem Verhältnis von Müttern und ihren Kindern, das als Schwerpunkt keinesfalls selten behandelt wird, aber ungleich weniger Beachtung gefunden hat und sich schwerer auf einen Nenner bringen lässt. Demgegenüber betrachten die beiden Beiträge zum Film zwei konkrete Akteurinnen: Ricarda Hirte beschäftigt sich mit dem Spiel von Lydia Salmonova in Paul Wegeners Stummfilm *Der Golem wie er in die Welt kam*, während Matthias C. Hänselmann auffällige Parallelen zwischen Lotte Reinigers Silhouettenkunst und dem klassischen expressionistischen Filmgut herausstellt. Mit Blick auf die bildende Kunst geht Jens-Henning Ullner zunächst der Selbstdarstellung weiblicher Malerinnen in Form von Selbstporträts nach. Lisa Hörstmann greift die Begeisterung für den Primitivismus auf und zeichnet die Karrieren von Tina Stern und Maggie Laubser nach, anhand derer sich das Wechselverhältnis von Berliner Expressionismus und südafrikanischer Kunst besonders gut erkennen lässt. Mit dem Beitrag einzelner Künstlerinnen befassen sich schließlich die Aufsätze von Martina Dlugaiczyk zu Tina Haim-Wentscher und von Marina Linares zu Käthe Kollwitz, bevor Rixt Hoekstra anhand von Margaret Staal-Kropholler die Wirkungsmöglichkeiten von Frauen innerhalb der expressionistischen Architektur beleuchtet.

Kristin Eichhorn

Weibliche Perspektiven auf ‚männliche' Themen

‚Weib' und ‚Geist' im Großen Krieg

Pazifismus und Geschlecht im Expressionismus

Frank Krause

Der Begriff des ‚weiblichen Expressionismus' ist umstritten. Seit den frühen 1990er Jahren wird er vornehmlich verwendet, um ‚typisch weibliche' „Darstellungsperspektive[n]"[1] der vernachlässigten Werke expressionistischer Autorinnen zur Geltung zu bringen; Hartmut Vollmer hat in diesem Zusammenhang nachdrücklich betont, dass sich weder spezifisch weibliche Stilformen noch eine besondere weibliche „*Bewegung*"[2] des Expressionismus nachweisen lassen. Als wichtiges Beispiel jener Perspektiven nennt Vollmer „die weibliche Sicht des Krieges", „die natürlich eine andere" sei „als die des dichtenden Soldaten auf dem Schlachtfeld".[3] Im Folgenden sei den typischen Merkmalen dieser Sicht, die bei Vollmer nur angedeutet werden konnte, anhand pazifistischer Texte zum Ersten Weltkrieg genauer nachgegangen. Der enge Zusammenhang dieser Frage mit dem Begriff des ‚weiblichen Expressionismus' gebietet indessen, auch die Bedenken gegen seine Verwendung genauer zu prüfen; so hatte Christine Kanz anfang der 2000er Jahre moniert, dass der Begriff die Texte von Frauen von vornherein als Spezialfall der expressionistischen Literatur einstufe, während er die Texte von Männern als repräsentative Beispiele dieser Richtung gelten lasse.[4]

1 Hartmut Vollmer: Vorwort. In: *„In roten Schuhen tanzt die Sonne sich zu Tod". Lyrik expressionistischer Dichterinnen*, hrsg. v. Hartmut Vollmer. Zürich: Arche 1993, S. 15–26, hier S. 24.

2 Vollmer: Vorwort. In: *„In roten Schuhen tanzt die Sonne sich zu Tod"*, S. 22. Siehe auch Hartmut Vollmer: Vorwort. In: *Die rote Perücke. Prosa expressionistischer Dichterinnen*, hrsg. v. Hartmut Vollmer. Erw. Aufl. Paderborn: Igel 2010, S. 7–21, hier S. 21, Anm. 1.

3 Vollmer: Vorwort. In: *„In roten Schuhen tanzt die Sonne sich zu Tod"*, S. 24.

4 Kanz hält die Bezeichnung für „kontraproduktiv, da sie eine Fortsetzung der Ausgrenzung aus dem traditionellen Kanon" fördere, „indem sie die genannten Schriftstellerinnen lediglich als Abweichlerinnen literarhistorischer, fast ausschließlich von Männern definierter Normen markiert." (Christine Kanz: Geschlecht und Psyche in der Zeit des Expressionismus. In: *Expressionistische Prosa*, hrsg. v. Walter Fähnders. Bielefeld: Aisthesis 2001, S. 115–146, hier S. 119.)

Variationen von Ansichten expressionistischer Autorinnen

Die Ansichten expressionistischer Autorinnen zum Krieg variieren; so sind nicht sämtliche Texte von Frauen pazifistisch ausgerichtet. Frida Bettingens Gedicht *Von den Müttern* (1922) stilisiert Frauen, die im Krieg „ihre Söhne hingaben", vielmehr zu Figuren, die in der Entsagung ihre Erfüllung finden:

> Eingeschlossen
> In die köstlichen Urnen ihres Wollens.
> [...]
> Reif
> Wie ein schenkender Früchtebaum.
> Ruhevoll.
> Vollendet.[5]

Diese Mütter leben bereits in einer besseren Zukunft, weil ihre „Seelen" im Gedenken an die Gefallenen aufgehen und mit ihrem Schicksal versöhnt sind.[6] Im Gedicht *Dann trage ich Fährnis und Müdigkeit* (1920) gilt der Schmerz der Trennung entsprechend als Medium einer kräftigenden Nähe zur Transzendenz: „Dann speisest Du mich, mein Gott".[7]

Die Perspektiven expressionistischer Autorinnen auf den Krieg sind allenfalls insofern spezifisch weiblich, als sie Probleme bzw. Ansätze zu ihrer Lösung ausloten, die sich so nur aus der Sicht weiblich codierter Rollen stellen bzw. anbieten. Das Gedicht *An die Gefallenen* (1922) von Trude Bernhard mahnt, dass die Gründe zur Klage über den Kriegstod sich solange erneuern, wie der Krieg aus passiver Sicht als anonym bedingtes Geschick betrachtet wird:

> Aus Hoffnungshelle, aus dem samtenen Schrein
> Liebkosenden Gedenkens riß euch fort
> Unfaßliches an unfaßbaren Ort,
> [...]

5 Frida Bettingen: Von den Müttern. In: *„In roten Schuhen tanzt die Sonne sich zu Tod"*, S. 46–47.

6 Ebd., S. 46.

7 Frida Bettingen: Dann trage ich Fährnis und Müdigkeit. In: *„In roten Schuhen tanzt die Sonne sich zu Tod"*, S. 177. Zu den kriegskritischen Perspektiven in Bettingens Werk siehe Catherine Smale: „Aus Blut und Schmerz geboren": Maternal Grief and the Poetry of Frida Bettingen. In: *German Life and Letters* (7/2008), S. 328–343, hier S. 340–343.

Wir hängen uns an eurer Kleider Saum
Und fühlen in uns eure Seele schreien –
Doch euer wehes Wachstum hört nicht auf,
Solange wir, Harrer im Allverlauf,
Die unbekannte Macht des Mordes zeihen.[8]

Die kindlich codierte Haltung, sich an den Kleidern der gefallenen Männer festzuklammern, und das ‚liebkosende' Gedenken verweisen zwar auf eine zärtlich-schwache Haltung, die im zeitgenössischen Rahmen öffentlich vertretbarer Werte unter Erwachsenen nur bei Frauen legitim ist. Bernhards Gedicht *Erwachen in der Stadt* (1920) zeigt allerdings, dass sie die sanfte Beziehung zum Anderen als Kennzeichen einer befreiten sakralen Lebensform begreift, die universal verbindlich ist:

Pflicht ist ein Wort, das eckig ist und stößt, –
Licht wird erst Licht, wenn es, vom Zwang entblößt,
Als sanfter Weiser naht mit weichen Armen

Und uns durch Garten, Wald und Wiesen trägt.
O zeitloses Verströmen in die Zeit,
Wenn alle Dinge klingen wie geweiht,
Und wir Erhörte sind, die Schweigen prägt.[9]

Von einer weiblichen Sicht kann hier nur insofern die Rede sein, als die Lösung der Probleme des Stadtlebens an Tugenden anknüpft, die in weiblich codierten Lebensformen bereits vorgelebt werden, nun aber einem *degendering* zu unterziehen – oder in eine androgyne Lebensform zu integrieren wären.

Die Problematik, sich unter der Bedingung sozialer Machtlosigkeit mit der Erwartung auseinanderzusetzen, fremdbestimmte Krisen identitätsstiftender Lebensformen passiv zu dulden, verweist bei Bettingen und Bernhard zwar auf geschlechtsspezifische Konflikte, aber die Problemdiagnosen expressionistischer Autorinnen sind nicht durchgängig weiblich codiert. Maria Benemann kritisiert mit ihrem Gedicht *Krieg* (1915) den aktuellen militärischen Kampf als sinnwidrigen Verfall der von Gott gestifteten Solidarität der menschlichen Gattung:

8 Trude Bernhard: An die Gefallenen. In: Ebd., S. 43.

9 Trude Bernhard: Erwachen in der Stadt. In: Ebd., S. 94.

Das ist nicht mehr der Tod, den wir begreifen,
Der Männer nachts in ihren Betten fällt,
Da nachbarliche Pestilenzen reifen,
Und der Verrat an allen Grenzen gellt.

Herr, das ist so, als wenn Du Dich verloren,
Vor jenen, denen Du Dich einst verschwendet,
Weil, die aus einem Stamme Dir geboren,
Der Bruder nun den jungen Bruder schändet.[10]

Das Gedicht ruft Gott an, auf dass er zornig in die Welt eingreife, um das Bewusstsein von der Zusammengehörigkeit aller Menschen zu erneuern:

Sieh, daß es sich noch einmal neu verlohne
Mit Hirnen Deiner Menschheit Bahn zu brechen.
Zerreiß den Purpur Deiner Friedenskrone,
Um donnernd Fluch auf Fluch hinab zu sprechen.[11]

Das lyrische Ich ist bereit, sich diesem göttlichen Zorn gänzlich aufzuopfern, um zur Erneuerung des Wertbewusstseins beizutragen:

Herr, ich bin Dein. Nimm mich als Deine Geisel,
Und wirf mich tausendfach den Furien hin,
Und form aus meinen Wirbeln Dir den Meißel,
Für neue Werte, wenn ich nicht mehr bin.[12]

Die Kritik erfolgt aus der Sicht eines ‚Wir', das den Bruderkrieg der einander feindseligen Männer von außen betrachtet, und diese Perspektive kritischer Nichtkombattanten mag sich dem Umstand verdanken, dass das Gedicht von einer Frau verfasst wurde, doch das ‚Wir' ist nicht weiblich codiert. Im Unterschied zu sakralen Selbstopfern, die männliche Expressionisten imaginieren, bezieht sich Benemanns Opferphantasie nicht auf eine menschliche Figuration des Erlösers, sondern auf den Leib als passives Material einer erlösenden Transzendenz, was auf eine weiblich codierte Ausgangslage der Autorin verweisen mag, doch der Text greift diese Codierung nicht auf; er lässt sich auch als Erlösungsphantasie eines machtlosen männlichen Nichtkombattanten lesen.

10 Maria Benemann: Krieg. In: *German Life and Letters* (7/2008), S. 34.
11 Ebd.
12 Ebd.

‚Weiblicher Expressionismus' vs. ‚weibliche' Perspektiven

Es ist also zum Teil möglich, Merkmale einer weiblich codierten Sicht auf den Krieg im biographischen Kontext, in thematischen Problemen oder in Ansätzen zu ihrer Lösung auszumachen. Der Einwand gegen den Begriff des ‚weiblichen Expressionismus' richtet sich jedoch nicht gegen den Versuch, geschlechtsrollenspezifische Erfahrungen und Situationsdeutungen herauszuarbeiten; auch Kanz zeigt geschlechtstypische Phantasien auf, wenn sie Varianten des „alt-neuen männlichen Selbstwahns, Mutter und Autor zugleich zu sein und damit omnipotente Produktionskraft zu besitzen", ins Auge fasst.[13] Zu fragen wäre aber, inwiefern es *hilfreich* ist, Texte mit einem Begriff zu *bündeln*, der Geschlechtermarkierungen sozialer Rollen bzw. kultureller Deutungen in den *Gegenstandsbereichen* der Forschung in den Rang *metasprachlicher* Gesichtspunkte für die Differenzierung einer Epoche erhebt. Wer Benemanns Gedicht dem ‚weiblichen Expressionismus' zuordnete, würde vom Namen der Autorin auf geschlechtsspezifische Hintergründe schließen, die im Text als Medium der weiblichen Selbstaussprache immer schon präsent seien. In diesem Fall würde Kanz' Einwand gegen den Begriff ‚weiblicher Expressionismus' greifen, würde die Literatur von Frauen doch vorab auf Funktionen weiblicher Selbstverständigung festgelegt, während Texte von Männern nur als geschlechtstypisch gelten, wenn sie exklusiv maskuline Ansprüche geltend machen.

Ob Literatur von Frauen einer geschlechtstypischen Spielart der Selbstverständigung dient, ist – wie auch Vollmers methodischer Zugang zeigt – eine empirische Frage. Kanz' Skepsis gegenüber der Rede vom ‚weiblichen Expressionismus' richtet sich aber weder gegen fallible Hypothesen über solche Zusammenhänge noch gegen konkrete Nachweise künstlerischer Gestaltungen „von spezifisch weiblichen Erfahrungen und Wahrnehmungen, die auf eine *weibliche Identität* verweisen"[14]. Die Skepsis richtet sich gegen einen *Begriff*, der Literatur von Frauen *von vornherein* unter diesem Aspekt wahrzunehmen scheint. Selbst wenn,

13 Christine Kanz: *Maternale Moderne. Männliche Gebärphantasien zwischen Kultur und Wissenschaft*. München: Fink 2009, S. 145.

14 Hartmut Vollmer: „Rote Sehnsucht rinnt in meinen Adern". Dichterinnen des Expressionismus. Versuch einer literarischen Standortbestimmung. In: *Autorinnen der Weimarer Republik*, hrsg. v. Walter Fähnders / Helga Karrenbrock. Bielefeld: Aisthesis 2003, S. 39–57, hier S. 48.

wie sich im Folgenden zeigen wird, Autorinnen des Expressionismus oft über Probleme weiblicher Identitäten aus Sicht der Betroffenen schreiben, während Männer tendenziell die Funktionen dieser Probleme für männliche Identitäten in den Vordergrund rücken: ein Begriff des ‚weiblichen Expressionismus', der mit Blick auf solche Zusammenhänge definiert wird, scheint mit Texten von Frauen, die aus diesem Muster ausscheren, ebensowenig zu rechnen wie mit Texten von Männern, die Fragen weiblicher Identität aus der Sicht der Betroffenen zur Geltung zu bringen versuchen. Ob diese Kritik der heuristisch ertragreichen Verwendung des Begriffs bei Vollmer gerecht wird, sei zunächst dahingestellt. Es wäre jedenfalls weniger missverständlich, von ‚weiblich codierten Darstellungsperspektiven' zu sprechen, die wohl nur einen Teil der literarischen Texte von Frauen kennzeichnen und auch von Männern eingenommen werden könnten.

Kriegskritische Perspektiven expressionistischer Autorinnen

Barbara D. Wright hat gezeigt, dass sich bei expressionistischen Autorinnen oft „Ansichten über das Machtgefälle der Geschlechter sowie Motive von Müttern, Geburten und Prostituierten finden, die sich von vergleichbaren Positionen und Themen in den Texten männlicher Expressionisten deutlich abheben"[15]; ob dieser Befund auch auf die Literatur zum Krieg zutrifft, wäre erst noch zu zeigen. Dieser Frage sei nun anhand von Texten expressionistischer Autorinnen nachgegangen, die den Ersten Weltkrieg kritisch als Anzeichen der Entfremdung von ‚Weib' und ‚Geist' interpretieren: Sie glauben, dass sich die Frauen vom metaphysischen Ursprung sinnstiftender Gewißheiten entfremdet haben, oder sie führen die Überwindung dieser Entfremdung vor Augen.

Wenn Berta Lask im Gedicht *Selbstgericht* (1921) eine Mitschuld am Krieg eingesteht, weil sie es unterlassen hatte, gegen den militärischen Kampf die Kräfte ihrer „Seele" aufzubieten, bekennt sie sich ausdrücklich zu einer weiblich codierten Position:

15 Frank Krause: *Literarischer Expressionismus*. Erw. Aufl. Göttingen: V&R Academic 2015, S. 116; vgl. Barbara D. Wright: Intimate Strangers: Women in German Expressionism. In: Neil H. Donahue (Hrsg.): *A Companion to the Literature of German Expressionism*. Rochester, NY: Camden House 2005, S. 287–319.

Ich habe mit getötet
Jeden, der draußen fällt.
Ich habe mich selbst inmitten
Des Meers von Blut gestellt.

[...]

Ich habe des Weibes Wissen
Aus Scheu vor der Mannmacht erstickt,
Meine blanken, geweihten Schwerter
Verborgen und nicht gezückt.

Da haben plötzlich die Schwerter
Sich eignes Leben errafft
Und würgen in Höhlen und Sümpfen
Meines Bruders Geist und Kraft.[16]

Der Krieg wird durch den Mangel an Entschlossenheit zum Gebrauch geistiger Waffen, die den „Weg [...] zum Leben"[17] verteidigen, erst hervorgebracht. In *Die erwachenden Frauen* (1919) feiert Lask die Leiber der nicht länger stummen Frauen als tragende Säulen des Tempels göttlicher Macht:

Löst euch, hebt euch, Ihr Arme,
Geschmiedet an den Felsen des Schweigens!
Bäumt euch empor Ihr Leiber,
Beschwert von Millionen Toten!
Durch die schwarze
Blutdurchronnene Masse
Brecht durch!
Aufrecht, Gottes Tempel zu tragen,
– Weißglänzende Säulen –
Aufrecht steht,
Ihr zagenden Leiber![18]

Aus dem Tempel, der „Gottes Sturm" einlässt, geht ein „Goldvogel" hervor, der dem „Dämon" des Krieges, der „[g]öttlichen Geist siegreich" würgte, die „Pranken" ins „Herz" schlägt.[19]
Margarete Kubicka hebt die metaphysische Sinnlosigkeit des Leidens hervor, das Frauen als Müttern gefallener Söhne erwächst. Ihr Gedicht

16 Berta Lask: Selbstgericht. In: *„In roten Schuhen tanzt die Sonne sich zu Tod"*, S. 40–41.

17 Ebd., S. 40.

18 Berta Lask: Die erwachenden Frauen. In: Ebd., S. 55–56, hier S. 55.

19 Ebd., S. 55–56.

Die Mutter (1918) führt eine ihres religiösen Sinns beraubte Pietà vor Augen, die ein beklagenswert geistloses Geschehen verkörpert:

Geist entfloh, dem standest du fern.
Brauchtest du sonst jetzt leblose
Glieder zu halten?
Jetzt – da Geist fort –
O! Fluch über dich, Mutter des Sohnes,
Die nichts verstand.
Uns keinen Weg zeigte mit ihm,
Uns öden Frauen.
Kleines selbst-loses Kind
Da warst du noch da
Dann –
Verlorst du ihn und dich.
Frauen,
Führerlos
Wankend
Wer zeigt uns den Weg? ...[20]

Claire Goll weist den Frauen im Übergang zur neuen Zeit eine tragende Rolle zu: „Der schmachvolle Zusammenbruch der von Männern geführten Völker müsste uns endlich lehren, die Welt unter einem andern Gesichtswinkel als dem männlichen zu sehen. [...] Wo bleibt *unsere* Revolution?“[21] In ihrem Gedicht *Der Mensch steht auf* (1918) stehen Mütter bei der Erneuerung der Menschheit durch ein heilsames Strafgericht im Vordergrund:

Spitäler klammern sich wild an die Erde,
Mansarden schreien mit zerbrochenen Flügeln
Und Schreie fallen klirrend auf die Straßen.
Jetzt brechen blutige Tulpen drohend auf
In buckligen, vergrämten Vorstadtgärten.
Jetzt öffnen Mütter ihren Leib wie Muscheln,
Draus Sterne fallen an den Strand der Welt:
Rote Signale einer neuen Zeit.
Die Sonnenuhr schlägt dreizehn von den Himmeln.[22]

Die bislang zitierten kriegskritischen Texte widmen sich der Frage, wie Frauen im Interesse an Frieden aus der Rolle der entmachteten

20 Margarete Kubicka: Die Mutter. In: *„In roten Schuhen tanzt die Sonne sich zu Tod“*, S. 45.

21 Claire Goll zit. in Vollmer: Vorwort. In: Ebd., S. 21.

22 Claire Goll: Der Mensch steht auf. In: Ebd., S. 54.

Dulderin ausbrechen können. In manchen Texten, die spezifisch weibliche Varianten der Entfremdung in Zeiten des Krieges herausarbeiten, fällt die Antwort negativ aus. Golls Erzählung *Die Schneiderin* (1918) handelt von einer Frau, die sich für den Kriegstod ihres Geliebten an Männern des Establishments rächt, denen sie die Schuld an ihrem Verlust zuschreibt; sie unterhält zahlreiche sexuelle Kontakte, um eine ansteckende Geschlechtskrankheit zu verbreiten, und beraubt damit bewusst auch andere Frauen einer erfüllenden Liebe.[23] Goll stellt diese Entfremdung einer Frau vom Geist der Liebe, dem sie in wahnhaft verzerrter Form zu folgen versucht, kritisch dar.

In ihrer Erzählung *Und überall das Töten* (1915) führt Henriette Hardenberg die entsolidarisierende Wirkung des Kriegs auf Frauen in den Rollen von Geliebten und Müttern vor Augen. Anstatt als „Stürmende[n] des Friedens"[24] dem Krieg vereint entgegenzutreten, retten die Frauen ihre Hoffnung auf Rückkehr des Geliebten mit der Vorstellung, dass 'nur' eine beträchtliche Zahl anderer den Kriegstod erleiden müsse:

> Sie haßte den Krieg, haßte Deutschland ebenso wie alle anderen Länder, überall war die gleiche Brut, überall fraßen die Gifte Löcher. [...] Wir glauben immer an die Möglichkeit, daß der Eine, den wir lieben, verschont bleibe, daß er durchkomme. Ach, wenn sie an die Frauen dachte, die verlassen worden waren, jede mit ihrem besonderen Los, ihrer einzigen Trauer: ohne Gemeinschaft laufen sie nun umher, mit den düsteren Augen, mit einer Abwehr gegen die eigene Gebrechlichkeit, mit einem Stachel, den sie sich züchteten und immer an sich pressen, damit die Hoffnung sie nicht verlasse. Ja, sie erlauben nicht Gesichter mit Frieden, lächeln über die Nachbarin, die ihren Schutz baut für den Sohn; erzählen sie von der Sicherheit des Geliebten, so bedauern sie wohl die Gefährdung der anderen Männer, aber sie geben sie als unabwendbare Tatsache zu. Gerda sah einen Haufen Menschen wie zu einer Zielscheibe vereinigt und die Pfeile in der Luft, die dort einschlagen mußten. Diese Unglücklichen hat jede von uns Frauen ausgesucht: wir sichern den Einzelnen auf Kosten der Allgemeinheit.[25]

Nach ihrer Rückkehr in das Atelier ihres Geliebten „malte sie auf die Zeichnungen von Erwin Verwundungen", um ihn schluchzend im Namen der Rettung des Vaterlands in eben jene Phantasie der

23 Claire Goll: Die Schneiderin. In: *Die rote Perücke. Prosa expressionistischer Dichterinnen*, S. 33–40.

24 Henriette Hardenberg: Und überall das Töten. In: Dies.: *Südliches Herz*, hrsg. v. Hartmut Vollmer. Zürich: Arche 1994, S. 82–86, hier S. 86.

25 Ebd., S. 85–86.

Zerstörung einzuschließen, aus der sie ihn zuvor ausgeklammert hatte: „gräßlich wahr verstümmelte sie ihn, machte seine Stirn roh, riß ihm mit ihrem Pinsel das Fleisch weg, als hätten Schrapnells ihn zerfetzt."[26] Sie erkennt in ihrer unsolidarischen Hoffnung auf privates Liebesglück eine Variante des verachteten patriotischen Imperativs, Leben im Namen eines vermeintlich höheren Guts zu opfern, und agiert diese Einsicht in einem selbstdestruktiven symbolischen Akt aus. Allen hier zitierten kriegskritischen Texten von Autorinnen ist gemeinsam, dass sie der Frage nachgehen, ob sich die soziale Entmachtung der Frau als passiver Dulderin unmenschlicher Verhältnisse im Durchbruch zu ‚geistigem' Sinn überwinden lässt, und dass sie jeweilige Probleme und Spielräume weiblichen Selbstseins primär aus der weiblich codierten Sicht der Betroffenen ausloten.

Kontrastierende Perspektiven expressionistischer Autoren

Das sakralisierte Körperbild einer spezifisch weiblichen Figur als Medium der Kriegskritik findet sich auch in Fritz von Unruhs expressionistischem Drama *Ein Geschlecht* (1917); hier entwindet die Figur der Mutter den Soldatenführern den Stab als Symbol der maskulinen Macht zur Gesetzgebung, um ihn mit dem heiligen Sinn des Lebendigen aufzuladen, von welchem er sich in der Hand der Männer entfernt hatte:

> *Mutter*
> Eh Du das Volk mit Deinem Stabe zwingst
> Unmenschliches zu tun, reiß ich ihn fort!
> *Sie ringt um den Führerstab*
> Er, der allmächtig durch das Weltall wirkt,
> versage jeden Prügeldienst! Zu mir!
> *Der andre Soldatenführer*
> Zu mir!
> *Mutter*
> *in seinem Besitz*
> Bei mir! Bei mir die Macht der Welt!
> O heilger Träger ungezählter Samen!
> O Himmelsäule! Du verwirrst mein Hirn!
> Aufbrechend lecken rote Flammen Dir
> wie Zungenlust entgegen!

26 Hardenberg: Und überall das Töten, S. 86.

Es wirft mich um! Es reißt mich auf und bringt
mir aller Mütter heißes Hoffen wieder!
Von Dir berührt, erbrennt die erdge Haut!
In allen Zellen meines Fleischs fällt Feuer!
Der andre Soldatenführer
Daß Deine Hand verdorre, die den Stab
urheilger Macht so wahnsinnstoll umfängt!
Mutter
mit dem Stabe
Ich halte Dich und taumle unter Dir!
Lebendig Leben durch das All ergossen,
Du wirbelst Sonnen wie aus Übermut –
und stößt auf uns auch wieder brandend ein!
[...]
Es stürzt hervor! Ach, meine Hände, weh,
wie sie sich höhlen; ganz von ihm erfüllt
rauscht Schöpfung obenauf in diese Schale,
die viel zu schwach, dem Feuer standzuhalten,
die Finger öffnet, daß der Segen fließt!
[...]
O Mutterleib, o Leib, so wild verflucht
und aller Greuel tiefster Anlaß erst,
Du sollst das Herz im Bau des Weltalls werden
und ein Geschlecht aus Deiner Wonne bilden,
das herrlicher als Ihr den Stab gebraucht! –
Ihm werf ich ihn erschaudernd so entgegen![27]

Der Frauenkörper offenbart seinen sakralen pazifistischen Sinn in Verbindung mit einem phallischen Attribut, über das er nur zeitweilig verfügen möchte; der Leib der Mutter wird erst in einer besonderen Art der Beziehung zum maskulinen Anderen verklärt. Während die oben zitierten Autorinnen den Leib der Frau als Ausdruck des Mangels an oder Durchbruchs von sakralem Sinn vor Augen führen, stellt von Unruh eine ambivalent gendercodierte Figur dar, deren weiblicher Körper in eine maskuline Domäne eindringt, um das Augenmerk auf die Bedeutung der Frau für die Balance der Geschlechter zu lenken. Gewiss, auch Goll und Hardenberg stellen ungleichgewichtige Geschlechterbeziehungen dar, doch dabei steht die Bedeutung des Mannes für die Lebensform einer Frau im Vordergrund, während von Unruh zeigt, was die männlichen Träger der Macht von Müttern lernen könnten.

27 Fritz von Unruh: *Ein Geschlecht*. Leipzig: Wolff 1918, S. 60, 61–62, 65.

Ähnliche Unterschiede zeigen sich in Darstellungen von Effekten der Entsolidarisierung. Die Autorinnen stellen den Abbau weiblicher Solidarität und den Sinnverlust weiblicher Bezüge zum maskulinen Anderen in den Vordergrund. Autoren betonen dagegen eher den Abbau heterosozialer Solidarität sowie Erfahrungen, die Männern aus der Störung heterosexueller Beziehungen erwachsen. In seinen *Geleitworten zur Internationalen Frauenkonferenz für Völkerverständigung in Bern* (1918) klagt der expressionistische Pazifist Andreas Latzko, dass Frauen, die sich an kriegsbedingte Härten anpassen, Männern die nötige Unterstützung entzögen:

> Was den Mann an den Frauen reizte, und ewig reizen und erfreuen wird, ist ihr Anderssein. Wer dem Kriege den Rücken kehrt, sucht den Frieden; sucht das, was er seit Monden schwer vermisst; sehnt sich nach Güte, Weichheit, Wärme, Einsicht und Nachsicht; will Weib und Mutter als Frauen wieder finden, und ihn schauerts im geheimen, wenn der Krieg auch im Hinterlande tobt [...].[28]

Aus Latzkos Sicht kann sich das Militär der Kampfbereitschaft der Männer nicht zuletzt deshalb gewiss sein, weil Frauen mit ihrer Bewunderung für die glamourösen Seiten des Soldatenlebens den Willen zum Kampf verstärken. In seinem Novellenzyklus *Menschen im Krieg* (1917) lässt er einen traumatisierten Soldaten in polemischer Überspitzung ausrufen:

> Nicht eine hat sich gerührt, in der ganzen Welt! Hinausgejagt haben sie uns! Den Mund verstopft haben sie uns! Die Sporn haben sie uns gegeben [...]. Morden haben sie uns geschickt, sterben haben sie uns geschickt, für ihre Eitelkeit. Ausgerissen müssen sie werden! Ausgerissen wir Unkraut, mit der Wurzel! [...] Bist du der Doktor? Da! Mach ihn auf meinen Kopf! Ich will keine Frau. Zieh, – zieh sie raus....[29]

Im Zyklus *Friedensgericht* (1918) wird diese Sicht in moderaterer, der Sicht des Autors angenäherter Weise entwickelt:

> War nicht Mathilde doch ein wenig mitschuldig? – – – Sie hatte sich, so sehr sie's auch nicht wahr haben wollte, in den ersten Tagen ganz in das preußische Offizierskind verwandelt; war mit glänzenden Augen ans Fenster geeilt, so oft unten ein Trupp vorbeimarschierte [...]. Die Künstlerin, die sich über alle

28 Andreas Latzko: *Frauen im Krieg. Geleitworte zur Internationalen Frauenkonferenz für Völkerverständigung in Bern*. Zürich: Rascher 1918, S. 11.

29 Andreas Latzko: *Menschen im Krieg* [1917]. Zürich: Rascher 1918, S. 33. Metaphysische Implikationen von Latzkos Seelen-Begriff verrät seine Rede vom „gekreuzigten Ich" (ebd., S. 132).

> Vorurteile hinweggesetzt, ihm zu Liebe mit der ganzen Verwandtschaft sich überworfen hatte, war hinter dem Freifräulein von Moellnitz verschwunden! [...]
> Heute freilich wollte sie nichts mehr wissen von der unerhörten Schlächterei! [...]
> Was Wunder, daß er sich hatte anstecken lassen von ihrem Rausch?
> [...] Nein! ... Pfui Teufel! War es schon so weit mit ihm gekommen, daß er sich hinter eine Schürze verkroch? Die Verantwortung für seine Taten auf seine Geliebte abwälzen wollte?[30]

Geschlechterbeziehungen interessieren aus der Sicht des Mannes auf seine Beziehung zum weiblichen Anderen; eine bessere Gesellschaft nach dem Krieg setze zwar eine Neubesinnung beider Geschlechter auf ihre essentiellen Tugenden voraus, doch Latzko stellt die vernachlässigte Bedeutung der Frau für die Perspektiven des Mannes in den Vordergrund:

> Nur weil uns eine bessere Zukunft, weil uns die Erlösung von der Faust und ihrer Macht nicht werden kann, wenn nicht, vor allem, Erfolg, Sieg, Anerkennung, neuen Taten gelten, der Mann von den Frauen und die Frauen vom Manne mit neuen Massen gemessen werden, darum musste auch jener bequemen Methode hier begegnet werden, die eine Schuld, in die wir uns gemeinsam verstrickt haben, den Männern und ihrer Herrschsucht allein anrechnen möchte.[31]

Auch im expressionistischen Frühwerk des Philosophen Ernst Bloch ist das Wesen der weiblichen Lebensform in erster Linie im Hinblick auf deren Bedeutung für die Ansprüche des Mannes interessant. Dieser hat die historische Mission, das kontemplativ-weibliche Vernehmen zwanglos gültigen Sinns mit dem konstruktiv-maskulinen Drang zum Handeln zu versöhnen; der Kern des Weiblichen wäre in den Horizont maskuliner Identität einzuholen:

> [...] und ebenso bleibt die Vermischung zwischen Weib und Mann, der zwischen den Geschlechtern anhängige Prozeß letzthin aus dem Grund nicht zu umgehen, weil nicht so sehr die Frau als der Mann und hier vor allem der bedeutende Mann durchaus übermännlich, zweigeschlechtlich, so konstruktiv als kontemplativ geboren, wiedergeboren werden muß, von Jesus und Maria zugleich beschienen, soll die vollständige Seele sich verkörpern, sich vollenden können, in ihrer Rückkehr zur hermaphroditischen Urnatur des absoluten Menschen begriffen.
> Denn zu empfangen bin letzthin nur ich, und nicht nur das Weib, auch der bedeutende Mann empfängt und muß in Schmerzen gebären.[32]

30 Andreas Latzko: *Friedensgericht*. Zürich: Rascher 1918, S. 6–7.

31 Latzko: *Frauen im Krieg*, S. 12–13.

32 Ernst Bloch: *Der Geist der Utopie*. München / Leipzig: Duncker & Humblot 1918, S. 355.

Bloch setzt eine ambivalent gendercodierte Bilderreihe ein, um den Sinn des weiblichen Weltbezugs für die maskulin codierte Sphäre des schöpferischen Handelns zu erhellen:

> Was der Mann ist, sieht er vor sich ziehen; aber wenn es wieder in ihn einkehrt, zurückkommt und mit ihm, dem Erhörten, Gewonnenen, produktiv Angetroffenen, letzthin wieder adäquat wird, dann ist es weiblicher Natur: er hat das Ideelle nicht nur nach Goethes geheimnisvollem Wort in weiblicher Form konzipiert, sondern das Letzte, das den Menschen überhaupt erwartet, die Antwort, die *Seele* Jesu, der transzendente Ichraum, Kybele, Maria, die große Mutter, das Um uns und der innerste Name alles Eros, die Taube des heiligen Geistes, der Phallos, von einem Kreis umschlossen, dieses uralte Symbol Gottes – das Letzte, das den Menschen derart jenseits aller Welt und im ewigen Leben erwartet, ist *nach Gestalt und Wesen das Weib*.[33]

Die Überwindung der Bedingungen, die zum Ersten Weltkrieg führten, erweist sich hier bei allem Lob der Zweigeschlechtlichkeit als Männersache.[34] In sämtlichen zitierten Texten, die von Männern stammen, fungiert die Frau als Quelle der Inspiration für den tätigen Mann: als erlösende Offenbarung für entfremdete Bellizisten, als Anreiz zur unkritischen Identifizierung mit der Soldatenrolle – oder als Vorschein des Telos der Gattungsgeschichte.

Komplikationen

Eine ambivalent gendercodierte Bildlichkeit, die weibliche Körper mit phallischen Motiven verknüpft, ist kein Privileg der Autoren des Expressionismus, die nach der metaphyischen Dimension heterosexueller Beziehungen fragen und dabei – wie Oskar Kokoschka in *Mörder, Hoffnung der Frauen* (1910) – auch auf Gewalt zwischen den Geschlechtern stoßen können.[35] Wenn die Protagonistin von El Hors Erzählung *Die Närrin* (1914) in einer sado-masochistischen Begegnung die passiv-weibliche Rolle aufgibt und an ihrem männlichen Partner zum Mörder wird, trägt ihr Gestus phallische Züge.[36] Und wenn

33 Bloch: *Der Geist der Utopie*, S. 357.

34 Blochs bedingter Pazifismus schließt Frauen vom revolutionären Prozess jedoch nicht aus. Siehe dazu Martin Stern: Nachwort. In: Ders. (Hrsg.): *Expressionismus in der Schweiz II*. Bern / Stuttgart: Haupt 1981, S. 223–291, hier S. 248–249.

35 Siehe dazu Frank Krause: The Phallic Woman as Sacred Mother in Plays by Kokoschka and von Unruh. In: *Goldsmiths Performance Research Pamphlets* 5 (2014), S. 4–13.

36 Siehe dazu Frank Krause: Varieties of Gender War in the Literature of German Expressionism (1910–1925). The Female Stabber in El Hor's 'The She-Fool' ('Die Närrin') (1914).

jene Bildlichkeit als Sonderfall einer ambivalenten Gendercodierung weiblicher Körper mit maskulinem Gestus betrachtet wird, zeigen sich weitere Parallelen zwischen Autoren und Autorinnen: Golls Schneiderin entscheidet sich in dem Moment zur Rache, da ihr im Angesicht eines Soldaten „ein tückischer Gedanke aus einer fremden Welt durch ihren Schmerz" fährt; der Anstoß stammt aus der maskulinen Welt der Krieger, und so „verheerte" sie denn auch Männer.[37] Ob eine *hermaphroditische* Bildlichkeit eher in Texten von Männern zu finden ist,[38] während ein *androgyner* Gestus von Frauen im Interesse am *degendering* eher auf Probleme passt, die sich Autorinnen stellen, wäre erst noch zu klären.

Auf die oben angeführten Beispiele trifft zu, dass die Autorinnen weiblich codierte Problemerfahrungen eher aus der Perspektive der Betroffenen darstellen, während Autoren eher dazu neigen, diese Erfahrungen im Kontext ihrer Funktion für maskulin codierte Ansprüche darzustellen. Die Geschlechterkonstrukte können sich aber überschneiden; ähnlich wie Latzko bejaht auch Hilde Stieler in ihrem Gedicht *Die Frau* (1918) ein weibliches Selbstverständnis, das die nachsichtig-gütige Sorge für den Anderen in den Mittelpunkt rückt:

> Von draußen wälzt sich Albdruck, ungeheuer,
> Tagtäglich neu auf lauter schwere Herzen.
> Und drinnen leiden sie, von Städten schlecht Beschützte,
> Des Hungers, Neides, täglicher Notdurft spitze Sorge.
> Wie sollten sie dies ohne Lächeln tragen?
>
> Wir wollen, Frau'n und Mädchen, gut sein, liebend, hingegeben,
> Als ob wir alle leichte Herzen hätten …
> Damit für die daheim ein Lächeln sei.[39]

In: Ulrike Zitzlsperger (Hrsg.): *Gender, Agency and Violence. European Perspectives from Early Modern Times to the Present Day.* Newcastle upon Tyne: Cambridge Scholars 2013, S. 132–150, hier S. 141. Eine vergessene Rezension merkt an, dass es sich bei der unter dem Pseudonym El Hor schreibenden Frau, die bis heute nicht identifiziert wurde, um eine „junge, uns Pragern wohlbekannte Dame" handelt; vgl. Paul Leppin: Die Schaukel. In: *Prager Tagblatt*, 07.12.1913, S. 20–21, hier S. 20. Dierk Hoffmann hat die Rezension unter http://www.dohoffmann.com/leppin_folder/elhor_schaukel.html (Zugriff am 01.11.2016) ins Netz gestellt.

37 Goll: Die Schneiderin, S. 39.

38 Zur hermaphroditischen Bildlichkeit bei Carl Einstein und Hans Henny Jahnn vgl. Frank Krause: Vom Embryo Emil zum ‚bébé bouquin'. Geburtsphantasien in Carl Einsteins *Bebuquin*. In: Nicola Creighton / Andreas Kramer (Hrsg.): *Carl Einstein und die europäische Avantgarde*. Berlin / Boston: de Gruyter 2012, S. 31–44, hier S. 44.

39 Hilde Stieler: Die Frau. In: *„In roten Schuhen tanzt die Sonne sich zu Tod"*, S. 48.

Stieler stellt zwar die Selbstreflexion einer weiblichen ersten Person Plural in den Vordergrund, die dafür plädiert, eine schwierig gewordene frauenspezifische Rolle weiterhin auszufüllen. Ihre Sorge gilt den Leidenden an der ‚Heimatfront', die auf Hilfe von Frauen und Mädchen angewiesen sind, und insofern zeigt sich auch hier eine ‚weiblich' codierte Sicht auf spezifische Themen, doch die weibliche Selbsterfahrung läßt sich hier von den Funktionen, die weibliche Identität für den Anspruch des Anderen erfüllt, erst gar nicht trennen.

Die Rede von *der* weiblichen Sicht auf den Krieg ist jedenfalls missverständlich: Wenn Hardenberg und Anton Schnack erlösende Erlebnisse von Deserteuren vor Augen führen, gehen *beide* der Sicht von *Männern* nach. Dass der Tonfall der Autorin verhaltener klingt, erweist ihn nicht schon als typisch weiblich,[40] und die affirmative Betonung maskulinen Begehrens, die bei Schnack auffällt, findet sich auch in Gedichten von Frauen.[41] Vollmers Rede von weiblichen Sichtweisen schließt solche Übereinstimmungen indessen nicht aus; schon Ende der 1980er Jahre hatte er mit Blick auf Hardenbergs Kriegslyrik betont, dass deren „Perspektive des Soldaten, des Flüchtlings, des Blinden, des Kranken, des liebenden und geliebten Mannes [...] ein Überschreiten des eigenen, weiblichen Ichs" bedeute und „die Voraussetzung für ein menschheits- und schicksalverbindendes ‚Wir'" schaffe, „das uns in einigen" ihrer Gedichte „entgegentritt."[42] Bei aller hilfreichen Kritik einer Terminologie, die zu suggerieren scheint, dass Identitäten und Perspektiven von Frauen immer schon weiblich sind: Auf der Suche nach vernachlässigten Spielarten des Problembewusstseins im Expressionismus bleibt Vollmers Hinweis auf ‚weibliche' Sichtweisen nach wie vor hilfreich.[43]

40 Vgl. Henriette Hardenberg: Der Flüchtling [1918]. In: Dies.: *Dichtungen*, hrsg. v. Hartmut Vollmer. Zürich: Arche 1988, S. 25; Anton Schnack: Der Überläufer. In: Ders.: *Tier rang gewaltig mit Tier*. Berlin: Rowohlt 1920, S. 54–55. Siehe auch Paul Raabe: Zur Ausgabe. In: Hardenberg: *Dichtungen*, S. 7–8, hier S. 8; Vollmer: „Rote Sehnsucht rinnt in meinen Adern", S. 48.

41 Henriette Hardenberg: Der Soldat [1918]. In: Dies.: *Dichtungen*, S. 24.

42 Hartmut Vollmer: Einige Gedanken zu Leben und Werk Henriette Hardenbergs. In: Ebd., S. 113–140, hier S. 136–137.

43 Janine Kuchler merkt an, dass die Liebeslyrik expressionistischer Dichter oft in der Frühphase der Bewegung entstand, während Liebesgedichte der Dichterinnen vorwiegend aus den Kriegsjahren oder dem Spätexpressionismus stammen, und resümiert: „Im Gegensatz zu den dichtenden Männern an der Front wurde die literarische Schaffensphase der Frauen nicht annähernd in demselben Maße beeinträchtigt wie das der Männern [!] und die Liebe scheint im Angesicht der Kriegsschrecken für die Frauen an thematischer Brisanz zuzunehmen." (Janine Kuchler: *„Dein Herz verlangend, allen Körper küßte". Konzeptionen expressionistischer Liebeslyrik*. Berlin: Lit 2014, S. 283; siehe auch S. 243–256, 270–279.)

Fatal ist die Liebe der Mutter, letal die Sehnsucht der Tochter

Mütter und der Generationenkonflikt in literarischer Prosa von Expressionistinnen[1]

Rolf Löchel

Der Generationenkonflikt gilt als eines der zentralen Motive des literarischen Expressionismus. Hubert van den Berg und Walter Fähnders etwa nennen beispielhaft Walter Hasenclevers Stück *Der Sohn* (1914) und *Vatermord* (1920) von Arnold Bronnen.[2] Tatsächlich aber wird der Konflikt in beiden genannten Werken nicht allgemein zwischen den Generationen, sondern konkret zwischen einem Vater und einem Sohn ausgetragen. Entsprechend werden in einem Aufsatz Thomas Koebners, der laut Titel „Familiendrama und Generationenkonflikt in der deutschen Literatur zwischen 1890 und 1920" beleuchten soll, ausschließlich Vater/Sohn-Konflikte behandelt.[3] Töchter und Mütter kommen in den literarischen Werken der männlich konnotierten Stilrichtung[4] zwar gelegentlich auch vor, der Generationenkonflikt aber wird scheinbar stets als Vater/Sohn-Konflikt literarisiert.[5] Und zwar in aller Regel aus Sicht der gegen ihre Väter rebellierenden Söhne. Jedenfalls solange die Werke von Männern verfasst wurden.

1 Ida Verspohl danke ich sehr herzlich für die ebenso eingehende wie hilfreiche Diskussion des Manuskripts.

2 Vgl. Hubert van den Berg / Walter Fähnders: Expressionismus. In: *Metzler Lexikon Avantgarde*, hrsg. v. Hubert van den Berg / Walter Fähnders. Stuttgart: Metzler 2009, S. 92–94, hier S. 94.

3 Thomas Koebner: „Der riesige Mann, mein Vater, die letzte Instanz". Familiendrama und Generationenkonflikt in der deutschen Literatur zwischen 1890 und 1920. In: Ders. / Rolf-Peter Janz / Frank Trommler (Hrsg.): *„Mit uns zieht die neue Zeit". Der Mythos der Jugend*. Frankfurt: Suhrkamp 1985, S. 500–518.

4 Wie Thomas Anz zutreffend bemerkt, „lässt sich nicht verleugnen, dass die literarische Jugendbewegung des Expressionismus eine *Männerbewegung* war" (Thomas Anz: *Literatur des Expressionismus*. 2., akt. u. erw. Aufl. Stuttgart / Weimar: Metzler 2010, S. 34).

5 Koebner konstatiert dementsprechend eine „Ausklammerung der Mütter aus dem Vater-Sohn-Konflikt", in dem sie allenfalls als „Helfershelfer des Vaters" auftreten dürfen. (Koebner: „Der riesige Mann, mein Vater, die letzte Instanz', S. 516.)

Wie aber verhält es sich in von Frauen geschriebenen expressionistischen Texten? Dieser Frage wird im Folgenden anhand von Gutti Alsens kleinem, keine 70 Seiten umfassenden Roman *Die Mutter*[6] (1922) und Grete Tichauers kurzem Erzähltext *Mit Mutter*[7] (1911) nachgegangen. Dazu werden zunächst die Generationenkonflikte in beiden Werken nachgezeichnet. Sodann werden am Beispiel zweier für den Expressionismus exemplarischer Literarisierungen des Vater/Sohn-Konfliktes – Hasenclevers *Der Sohn* und Bronnens *Vatermord* – gemeinsame Distinktionsmerkmale gegenüber der Gestaltung des Generationenkonflikts von Autoren[8] des Expressionismus aufgezeigt.

Fatale Mutterliebe. Gutti Alsens Roman *Die Mutter*

Gutti Alsens Roman[9] *Die Mutter* tritt als Tagebuchaufzeichnungen auf, die von der Nacht des 9. auf den 10. November 1918 bis zur Nacht des 2. auf den 3. August 1919 reichen. Ihre fiktive Verfasserin ist die Malerin Henny Bergmann. Im Zentrum der Aufzeichnungen stehen die Konflikte, die sie mit ihren beiden nahezu erwachsenen Söhnen Ludwig und Henno auszutragen hat. Ein Vater wird in den Tagebucheintragungen nicht erwähnt. Er ist verstorben, wie deutlich wird, wenn Ludwig und Henno als „vaterlose Waisen" (DM, 15) bezeichnet werden.

Zwar sind der neunzehnjährige Ludwig und sein um ein Jahr jüngerer Bruder von recht unterschiedlicher Art, doch stimmen sie darin überein, dass sie Hennys „geistigen Einfluß als Mutter" (DM, 21) ablehnen. Diese wiederum ist innerlich zerrissen zwischen dem Gefühl, sie habe sich als Mutter für ihre Söhne aufzuopfern, und ihrem dringenden Wunsch, auch als Frau frei zu sein und ihr künstlerisches Talent auszuleben.

6 Gutti Alsen: *Die Mutter. Blätter aus dunklen Tagen*. Berlin: Wir 1922. Alsens Roman wird im Folgenden mit der Sigle DM zitiert.

7 Grete Tichauer: Mit Mutter. In: *Die rote Perücke. Prosa expressionistischer Dichterinnen*, hrsg. v. Hartmut Vollmer. 2., akt. Aufl. Hamburg: Igel 2010, S. 87–96. Tichauers Roman wird im Folgenden mit der Sigle MM zitiert.

8 Der vorliegende Text ist in gender-sensibler Sprache verfasst. Daher wird von der Verwendung des generischen Maskulinums abgesehen. Nomina wie *Autoren*, *Expressionisten* etc. referieren somit stets auf Gruppen, denen ausschließlich Männer angehören.

9 Als Roman wird das Werk nur auf dem Einband, nicht aber auf dem Titelblatt ausgewiesen.

Ludwig ist zwar als „Student[] der Philosophie" (DM, 5) eingeschrieben, doch zieht er ein ausschweifendes Leben außerhalb der Studierstube vor. Um diesen aufwendigen Lebensstil finanzieren zu können, unterschreibt er Schuldscheine, die seine Mutter ein ums andere Mal unter immer größeren Anstrengungen begleicht, wobei sie nicht nur demütigende Bittstellergänge zur Bank in Kauf nimmt, sondern noch weit bitterere Kränkungen durch ihren Sohn erduldet, der ihre Opferbereitschaft zuletzt in höhnischen Worten als Selbstverständlichkeit einfordert.

Als die Mutter erstmals von den Schulden Ludwigs erfährt, deutet sie ihm die „Rückstellung eigener Wünsche" ihm und seinem Bruder „zuliebe" an, worauf er „prompt und in geschäftsmäßigem Ton" das eine Wort „Elternpflicht" erwidert.[10] (DM, 22) Sie überreicht ihm „noch am gleichen Nachmittag" nicht nur den fraglichen Betrag, sondern „verdoppelt[]" zudem „sein Taschengeld", damit sich dergleichen nicht wiederhole. (DM, 23) Eine trügerische Hoffnung. Denn das Gegenteil tritt ein. Ludwig zeichnet schon bald ungleich höhere Schuldscheine als zuvor. Der „unerbittlich Fordernde[]" verlangt von seiner Mutter „in harten, mißtönenden Worten", diesmal einen Betrag zu begleichen, mit dem sie den Unterhalt der Familie „mehr als ein Jahr" hätte bestreiten können. (DM, 51) Dabei schaut er sie an „wie ein Fremder"; wiederum eilt sie „unter tiefhängenden Wolken" zur Bank, um „Ludwigs nächtliche Verfehlungen auszutilgen". (Ebd.)

Doch nicht genug damit, dass Ludwig die ganze Familie finanziell zu ruinieren droht, er verbringt die Nächte mit Huren und vergeht sich beiläufig an Ellinor, einem minderjährigen Mädchen von „kostbarer Feinheit" (DM, 13), für das sein Bruder Henno in stiller Liebe entbrannt ist. Henny ertappt Ludwig zufällig dabei, wie er „die Hände um einen Mädchenkopf gekrampft" (DM, 34) hat. Es ist dies der Kopf der „zarte[n] Ellinor", die ihm in diesem Moment entfliehen kann. Ludwig hatte den „Kindermund" Ellinors „entheiligt", die doch seit „frühesten Tagen wie eine kleine Schwester neben ihm gegangen war". (Ebd.) All dies konnotiert Ludwigs Vergehen mit Kindesmissbrauch, Vergewaltigung und Inzest.

Am späten Abend des gleichen Tages sucht Henny ihren Sohn in „seiner Stube" auf, um ihn des Vorfalls wegen zur Rede zu stellen. Doch

10 Ins Auge sticht, dass er die Erstattung seiner Schulden immerhin nicht nur als Mutter-, sondern überhaupt als Elternpflicht empfindet.

als sie eintritt, sieht sie zu ihrem Entsetzen, dass er, „tief in seinen Lehnstuhl gesunken", Lilli, eine Freundin von ihm und Henno, „auf den Knien" hat. (DM, 36) „Sie küßten sich als, stünde der Tod hinter ihnen und ließe ihnen nur eine Frist, um alle Meere der Wollust auszugießen" (ebd.). Ludwig und Lilli bemerken in ihrer Ekstase weder, dass Henny die Tür geöffnet hat, noch dass Ellinor hinzutritt, die sich „die Augen mit schneller Gebärde zudeckt[]" und „deren Gestalt sich zusammen[biegt]". (Ebd.)

Henny redet ihrem Sohn als gute Mutter bald darauf mit selbstauferlegter „gewaltsamer Ruhe" ins Gewissen und versucht, ihm zu erklären, was sein Verhalten für die beiden Mädchen bedeutet und wie verletzend es vor allem für Ellinor ist. (DM, 39) Als Ludwig ihr jedoch nur „mit abwärtsgezogenen Mundwinkeln" zuhört, kann sie ihm ihr „aufgebrochenes Herz" nicht länger verbergen und „schluchzt[] über das kleine Mädchen Ellinor". (Ebd.) Er aber „murrt[]" nur, sie könne „die Mädchen von heute" nicht ihren veralteten Ansichten „angliedern": „Keine, aber nicht eine einzige, die über Liebe anders denke als er, die sich dem Augenblicke versage, wenn ihr Blut sänge" (ebd.). Dabei setzt er „[j]enes unsaubere, perfide Lächeln des Manntiers" auf, das seine Mutter „so grenzenlos verachte[t]". (DM, 40) In diesem Moment empfindet Henny „das Unbegreifliche: ich haßte das andere Geschlecht in meinem eigenen Sohne" (ebd.). Es ist dies der Gipfelpunkt im Konflikt zwischen Henny und ihrem Sohn Ludwig.

Sein Bruder Henno scheint zunächst weniger missraten als er. Die künstlerische Tätigkeit vor der Malstaffel scheint Henno und Henny sogar zu verbinden. Dann aber provoziert Henno einen zumindest ebenso üblen Konflikt mit seiner Mutter wie Ludwig. Er klingt bereits an, als Henny gewahr wird, dass „die künstlerische Gemeinschaft, die Henno mit mir band, keine Gemeinsamkeit sei" (DM, 43). Denn anders als sie kann er „das Erschaffen als Glück an sich" (ebd.) nicht empfinden. Seinem Klimax strebt der Konflikt zwischen den beiden, und mit ihm zugleich der des Romans, in dem Moment zu, in dem Henny feststellt, dass ihr Sohn heimlich einige ihrer „Vorentwürfe" (DM, 64) unter seinem Namen für eine „Ausstellung der Akademie-Schüler" einreicht und mit den, wie die Lokalzeitung lobt, „phantasievolle[n], geniale[n] Entwürfe[n]" den Ersten Preis gewinnt. (DM, 63) Henny sieht sich vor die Alternative gestellt, entweder den Betrug ihres Sohnes aufzudecken oder aber ihr nach den Skizzen vollendetes Gemälde nicht auszustellen.

Sie bittet inständig, er möge ihre Urheberschaft der Skizzen bekennen und für ihre Einreichung unter seinem Namen eine „üble Wette" vorschieben, bei der es darum gegangen sei, ob ihre „Pinselführung erkannt werde". (DM, 64) Dabei gibt sie zu bedenken, dass er als Künstler mit einem einzigen Werk auf Dauer ohnedies nicht werde bestehen können. Doch er reagiert verächtlich: „Wie naiv du urteilst. [...] Der Name macht's, die Reklame, der Tamtam. Nun ich den Namen habe, brauche ich um den Aufstieg nicht bange sein". (DM, 63) Während der sich zuspitzenden Auseinandersetzung schauen „[s]eine Augen" sie „eisig und nadelspitz" an und sein Gesicht wird „harlekinweiß und hochfahrend", „wie das Ludwigs bei solchen Anlässen". (DM, 64–65) In ihrem rücksichtslosen Egoismus gleichen sich die Brüder bis zur Ununterscheidbarkeit. Die Hand am Revolver, droht Henno seiner Mutter, sich zu erschießen, sollte sie ihre Urheberschaft und seinen Betrug offenbaren. „Sein Gesicht" nimmt dabei eine „grünlich[e]" Färbung an und wird „hart wie der Tod". (DM, 66) In höchster Not zerstört Henny ihr Meisterwerk, indem sie mit den Worten „Henno, ja ... ich schenke es dir, Henno ... mein Bild ... da ... hast ... du ... es..." immer wieder ein Messer „ins Fleisch" ihres Gemäldes stößt. (Ebd.)
Doch muss Henny nicht nur zerstörerische Konflikte mit ihren beiden Söhnen ausfechten, sondern auch mit sich selbst. Denn zwei Seelen wohnen in ihrer Brust. Die eine fordert das „Recht auf Ausleben der Persönlichkeit" (DM, 15) auch für die Frau und Mutter, die andere klagt ein, als Mutter habe sie sich für ihre Kinder aufzuopfern. In einem inneren Tribunal lässt Henny beide Stimmen als Verteidigerin und Richter gegeneinander antreten und die „spitzfindigsten" Argumente austauschen. (DM, 14) Die „wilde[n], verzweifelte[n] Verteidigungsschlachten" dafür, dass sich „die Freiheit des einzelnen" nicht „nur auf Männer und Kinder" beziehen, sondern auch für Frauen und Mütter gelten solle, wird im „Parterre" des Gerichtssaals von „beifallklatschenden Frauen aller Stände und aller Lebensalter" bejubelt. (DM, 14–15) Doch dem „dazwischenzetern[den]" Richter sind dies alles nur „trügerische Vernünfteleien" (DM, 15). Auf seine scharfe Frage: „Und das Kind, das uns anvertraute Wesen, das kommende Geschlecht – was wird aus ihm, he...?", kann sie nur mit „dünn[er] und kleinlaut[er]" Stimme antworten, bis ihre anfängliche Brandrede für Frauenrechte zur Verteidigung ihrer selbst als „bravstes Musterstück einer deutschen Hausfrau und Mutter meiner Söhne" herabsinkt. (Ebd.)

So werden beide Konflikte zwischen Henny und ihren Söhnen denn auch zu Lasten der Mutter ‚gelöst'. Obwohl Henny in Ludwig das ganze männliche Geschlecht hasst, stürzt sie sich für ihn in die größte finanzielle Not, wohl ahnend, dass auch dies ihn nicht wird retten können, und opfert damit ihre emanzipatorischen Wünsche – sowie implizit die feministischen Bestrebungen ihrer Zeit – auf dem Altar vermeintlicher Mutterpflicht, während in der Zerstörung ihres „beste[n] Werk[s]" um Hennos Willen die Opferbereitschaft der Mutter endgültig über die Künstlerin siegt. (DM, 64) Mit ihrem Kunstwerk aber zerstört sich Henny zugleich als Frau und Mensch. Übrig bleibt eine unglückliche Mutter.

Letale Tochtersehnsucht. Grete Tichauers kurzer Erzähltext *Mit Mutter*

Während Alsen ihren Roman in Form von Tagebucheintragungen einer Mutter kleidet, ist Grete Tichauers keine zehn Seiten umfassender Erzähltext *Mit Mutter* nahezu durchgehend aus der Perspektive einer namenlosen Tochter pubertierenden Alters mit einem „schlanke[n], magere[n] Mädchenleib" (MM, 90) und „unreifen Brüsten" (MM, 87) erzählt. Nur sehr gelegentlich nimmt die Erzählinstanz die gemeinsame Sicht der Eltern ein und nur einmal wirft sie einen kurzen Blick in das Innere des eher bedeutungslosen Vaters.

Die Protagonistin aber ist die Tochter, die die Frau ihres Vaters nicht für ihre leibliche Mutter hält, sondern diese vielmehr tot auf dem Friedhof wähnt. Nach ihr verzehrt sie sich vor unstillbarer Sehnsucht, während sie sich von der Frau ihres Vaters zunehmend entfremdet. Welche der beiden Frauen tatsächlich die Mutter des Mädchens ist, lässt der Text offen.[11] Zwar ist zu Beginn noch die lebende Frau gemeint, wenn das Kind im Bett darüber nachdenkt, dass es bei einem „Zank heute abend [...] keinen Augenblick geweint" hatte, „wie sonst, wenn mit Mutter etwas vorkam". (Ebd.) Doch bereits von der zweiten Seite an nennt das Mädchen nur noch die Tote „Mutter", während die Lebende fortan als „die Frau" apostrophiert wird. (MM, 88)

Zwar hatte die Heranwachsende „nie etwas anderes sagen hören, als daß die Frau ihre Mutter sei", doch ist sie ihr schon immer „wie eine

11 Daher wird im Folgenden die Gattin ihres Vaters als ihre lebende Mutter bezeichnet, die Frau auf dem Friedhof hingegen als ihre tote Mutter.

Fremde vorgekommen". (Ebd.) Nun aber hat sie auf dem Friedhof ein Grab entdeckt, in dem eine Frau mit ihrem Nachnamen liegt. Das Mädchen hält die Tote für seine tatsächliche Mutter und denkt „gar nicht mehr" an die lebende Mutter, sondern „fühlt[] [...] nur noch diese Sehnsucht" nach der Toten. (MM, 87) Dieses Verlangen „beherrscht[]" das Mädchen immer stärker, bis es schließlich „unaufhaltbar" wird, „sie ganz aus[füllt] und „jeden Nerv" von ihr „bewegt[]". (MM, 91) Einer der durch Sternchen von einander getrennten Abschnitte der Erzählung besteht sogar nur aus den vier sehnsuchtsvollen Worten „Mutter Du. Liebe Mutter" (MM, 89). Um ihrer toten Mutter nahe zu sein pflückt sie Levkojen sowie „dunkellila und weiße Astern" von deren Grab und geht mit ihnen zu Bett. (MM, 93) Mit den Blumen unter der Decke fühlt sich das Mädchen „ganz körperlich bei ihr" und ist „das glücklichste Menschenkind". (MM, 92–93) Schließlich steigert sich die Sehnsucht bis zur identifikatorischen Vereinnahmung, mit der sie sich selbst zugleich als Kind wie auch als Mutter ihrer toten Mutter phantasiert: „Süße Mutter, nun trage ich dich in mir; ich bin so ganz, ganz von Dir" (MM, 90). Nachdem ihre lebende Mutter an einem der folgenden Abende unbemerkt in das Zimmer des Kindes tritt und bemerkt, dass es sich mit Blumen im Bett liegend – wie angedeutet wird – selbst befriedigt,[12] entschließen sich die Eltern zu der angesichts des zunehmend „gleichgültigen" (MM, 87) und „verbissenen" (MM, 92) Verhaltens ihrer Tochter bereits früher erwogenen Einweisung in eine Heilanstalt. So von ihrer toten Mutter bzw. den sie ‚personifizierenden' Blumen getrennt, erkrankt das Mädchen bald darauf an „Gehirnhautentzündung" und folgt der Toten nach: „Süße – süße Mutter – warum bist du gestorben – ich kann – doch nicht – ohne dich leben –" (MM, 95).

Die lebende Mutter aber, die das sterbende Mädchen durch die Krankenzimmertür so phantasieren hört, glaubt, sie selbst sei gemeint, und bittet den Arzt zu ihr zu dürfen. Der aber verweigert es ihr mit den Worten: „Für eine Frau wäre es fast unmöglich, das Entsetzliche mit anzusehen" (MM, 96). Bemerkenswert ist, dass auch er in dieser

12 Darauf deutet zumindest hin, dass es vor dem Eintreten der Frau aus Sicht der Tochter heißt: „Mutter war bei ihr und streichelte sie und faßte sie bei der Hand und erzählte sich mit ihr und sie küßte Mutter" (MM, 93). Auch die Reaktion der Mutter „Schämst du dich nicht?" (MM, 94), die Arme müsse sie schon „auf die Bettdecke tun" (MM, 93), weist in diese Richtung.

dramatischen Situation sie nicht als Mutter, sondern wie das Mädchen als Frau adressiert. Sie aber drängt, „hören Sie denn nicht, Herr Doktor, daß ich hinein muß! Hören Sie nicht, wie *das* Kind nach mir ruft! Nein, ich muß hinein, es wäre grausam, *dem* Kind nicht das Letzte zu erleichtern" (MM, 95; Herv. R.L.). Auch sie verlangt nicht etwa zu ‚*meinem* Kind' oder ‚*meiner* Tochter' zu dürfen, wie es eine Mutter doch vermutlich tun würde, sondern spricht nur von *dem* Kind. Ob sie tatsächlich die Mutter ist, bleibt somit offen; nicht so jedoch, dass sie das Kind liebt, zumindest aber Sorge für es trägt.

Vatermörder.
Vergleich mit Hasenclevers *Der Sohn* und Bronnens *Vatermord*

Der Abriss des in den beiden Texten jeweils ausgetragenen Generationenkonflikts zeigt zunächst einmal, dass beide Autorinnen das Motiv keineswegs gleich oder auch nur ähnlich ausgestalten. In Alsens Roman wird er aus der Sicht einer Mutter dargestellt, in Tichauers Kurzgeschichte hingegen aus derjenigen einer Tochter, die ihre Mutter verstorben glaubt und sich aus Sehnsucht nach ihr verzehrt. So gerät die Pubertierende in ein zunehmend entfremdetes und konfliktuöses Verhältnis mit ihrer lebenden Mutter. Die Mutter in Alsens Roman wiederum hat nicht nur einen äußeren Konflikt mit ihren beiden egozentrischen und rücksichtslosen Söhnen auszutragen, sondern auch einen inneren, fühlt sie sich doch zwischen ihrem eigenen Freiheitsbegehren und ihren ‚Mutterpflichten' gegenüber den fast erwachsenen Söhnen zerrissen.

Dennoch lassen die in den beiden Texten ausgetragenen Generationenkonflikte ein gemeinsames Distinktionsmerkmal gegenüber der Literarisierung des Generationenkonflikts in von Männern verfassten expressionistischen Werken deutlich hervortreten. Denn er wird von beiden Autorinnen nicht, wie bei expressionistischen Autoren üblich, als Vater/Sohn-Konflikt entworfen, sondern vielmehr als Konflikt zwischen den Müttern und ihren sowohl männlichen wie weiblichen Kindern. Schaut man auf Werke von Autorinnen, erweist sich der Vater/Sohn-Konflikt also als nicht gar so „ubiquitäre[s] Motiv" des literarischen Expressionismus,[13] wie es in der Forschung häufig angenommen wird.

13 Claudia Nitschke. *Der öffentliche Vater. Konzepte paternaler Souveränität in der deutschen Literatur (1755–1921)*. Berlin / Boston: de Gruyter 2012, S. 387.

Das heißt allerdings nicht, dass der Vater/Sohn-Konflikt in beiden hier beleuchteten Texten überhaupt keine Rolle spielen würde. In Alsens *Die Mutter* wird dem realen Konflikt zwischen der Mutter und ihren beiden Söhnen ein auch innerhalb der Romanwirklichkeit fiktionaler Vater/Sohn-Konflikt gegenübergestellt. Hennys vaterloser „Dichtersohn" Ludwig hat ein exaltiertes „gegen alle Väter auftretende[s] Stück[ ]" verfasst, das er und zwei gleichaltrige Jungen mit verteilten Rollen unter „Ekstasen" rezitieren. (DM, 9–10) Henny aber findet das sich im Stück ausdrückende „kranke Pathos dieser zerquälten Jugend" (DM, 6) degoutant. Damit kritisiert die Autorin implizit die Literarisierung des Vater/Sohn-Konflikts in Texten von Expressionisten.

Alsen und Tichauer literarisieren den Generationenkonflikt nicht nur nicht als Vater/Sohn-Konflikt, sondern gestalten ihn darüberhinaus in verschiedener Hinsicht völlig anders als etwa Hasenclever und Bronnen, wie ein kurzer Vergleich mit deren Stücken *Der Sohn* und *Vatermord* zeigen soll.

Zunächst einmal sind bei Alsen die Mutter und bei Tichauer die Tochter die jeweilige Identifikationsfigur der Erzählung. In den Stücken der beiden Autoren sind es jeweils die Söhne. Diese sind in Alsens *Die Mutter* wiederum keineswegs so einsam, wie der namenlose, aber titelstiftende Sohn in Hasenclevers Stück und Walter bei Bronnen. Vielmehr sind Alsens Figuren Henno und Ludwig in ein Beziehungsgeflecht Gleichaltriger eingebettet und von Freunden und Freundinnen umringt.[14] Ludwig frequentiert zudem allnächtlich Hurenhäuser und Spelunken. Walter in Bronnens *Vatermord* fühlt sich hingegen so einsam, dass er sich fragt, ob „noch andere Menschen auf der Welt"[15] sind, und leidet darunter, „allein" zu sein. (V, 103) Der Sohn in Hasenclevers Stück klagt, er habe niemanden, der ihm hilft, wenn er „traurig" ist und sein Vater werde „niemals dulden", „dass jemand auf der Welt mein Freund ist".[16]

Auch müssen die Kinder bei Alsen und Tichauer keineswegs gegen die Mütter um ihre Freiheit ringen. Die Mutter in Alsens Erzählung gibt

14 Die Mutterphantasien der Tochter in Tichauers Stück werden allerdings wohl durchaus auch durch ein Gefühl der Einsamkeit evoziert.

15 Arnolt Bronnen: *Vatermord. Schauspiel*. Emsdetten: Verrag 1954, S. 93. Bronnens Schauspiel wird im Folgenden mit der Sigle V zitiert.

16 Walter Hasenclever: *Der Sohn. Ein Drama in fünf Akten*. München: Wolff 1917, S. 8. Hasenclevers Stück wird im Folgenden mit der Sigle DS zitiert.

vielmehr sogar ihre eigenen emanzipatorischen Freiheitsbestrebungen um ihrer Söhne Willen auf. Der Ursprung des Vater/Sohn-Konflikts bei Hasenclever und Bronnen liegt dagegen im autoritären und patriarchalischen Wesen der Väter und dem gegen diese gerichteten Freiheitsstreben ihrer Söhne. In *Vatermord* äußert sich Walters Wunsch, frei zu sein, darin, dass er gegen den Willen seines tyrannischen Vaters „aufs Land" in eine „landwirtschaftliche" Schule oder kurz gesagt „ins Freie" will. (V, 41) Erst nach dem Tod des Vaters ist der Freiheitsdurst des Achtzehnjährigen gestillt. „Ich bin frei", jubelt er nach dem Vatermord, „[n]iemand vor mir, niemand neben mir, niemand über mir, der Vater tot". (V, 186) Der zwanzigjährige Sohn in Hasenclevers Stück wiederum empfindet „[s]eine Sehnsucht, frei zu werden" (DS, 4), geradezu als übermächtig und „predigt" öffentlich „die Freiheit". (DS, 84)
In Hasenclevers und in Bronnens Stücken sehen sich die Söhne zudem von ihrem jeweiligen Vater gehasst und gedemütigt. So klagt der namenlose Sohn bei Hasenclever über seinen Vater: „er haßt mich!" (DS, 7) und der Vater mit dem sprechenden Namen Fessel in Bronnens Stück „kenn[t] nur mehr eins", seinen Sohn Walter zu „demütigen". (V, 158) Davon, dass die den Generationenkonflikt austragenden Mütter in den Prosawerken der beiden Frauen ihre Kinder hassen oder demütigen wollen, kann hingegen keine Rede sein. Ganz im Gegenteil sind es bei Alsen vielmehr die Söhne, die ihre Mutter demütigen, die ihrerseits sogar ihr künstlerisches Werk und somit sich selbst für sie opfert. In Tichauers Erzählung ist es die Liebe der Tochter zu ihrer (vermeintlichen?) Mutter die zur Katastrophe führt.
Der von Alsens Ludwig eingeklagten „Elternpflicht" (DM, 22) wiederum korrespondiert das Recht, das der Sohn in Hasenclevers Stück gegenüber dem Vater aus keinem anderen Grund zu besitzen glaubt, als eben dem, der Sohn zu sein. Die rhetorische Frage seines Hauslehrers, ob er nicht der Sohn sein, bejaht er und fügt entschieden an, „deshalb bin ich im Recht" (DS, 8). Der grundlegende Unterschied liegt darin, dass Hasenclevers Stück die Haltung des Sohnes bekräftigt, Alsens Roman hingegen deutlich macht, wie fragwürdig die Einforderung einer vermeintlichen Elternpflicht ist.
In den Werken von Alsen und Hasenclever lebt allerdings nur noch jeweils ein Elternteil. In Hasenclevers Stück ist die Mutter des titelstiftenden Sohnes bei dessen Geburt gestorben (DS, 9), der tote Vater in Alsens Roman ist – so lässt sich zumindest begründet vermuten – im

Krieg gefallen. Damit wurden beide von den jeweiligen geschlechtsspezifischen Todesarten par excellence ereilt. Und weder der Vater in Tichauers kurzem Erzähltext noch die Mutter in Bronnens Drama greifen wirksam in das jeweilige unheilvolle Geschehen ein. Während in den Stücken der Autoren die Mütter entweder tot oder unbedeutend sind, trifft dies in den Texten von Alsen und Tichauer auf die Vaterfiguren zu.[17]

Es ließen sich noch weitere kleinere, aber dennoch grundlegende Unterschiede zwischen den Gestaltungen des Generationenkonflikts in den Werken der Autorinnen einerseits und denjenigen der Autoren andererseits aufzeigen. So hilft die Mutter in Alsens kleinem Roman ihrem Sohn Ludwig unter größten Opfern immer wieder aus seiner selbstverschuldeten finanziellen Misere. Der Sohn in Hasenclevers Stück bekommt von seinem Vater hingegen selbst als kleiner Junge nicht einmal eine von ihm erbetene Mark für Süßigkeiten. (DS, 23)

Der gravierendste und eindrücklichste Unterschied aber betrifft – man ist geneigt zu sagen: wie könnte es anders sein – die Sexualität. Zunächst ist jedoch eine Gemeinsamkeit zu konstatieren. Die Sexualität der jüngeren Generation ist in allen vier Texten inzestuös oder zumindest inzestuös konnotiert. Für die Werke der Frauen wurde dies bereits gezeigt. Die inzestuöse Sexualität der Söhne in den Stücken der Männer lässt sich im Unterschied zu der in den Werken der Frauen jedoch als ödipal spezifizieren. In Hasenclevers Stück küsst und umarmt der Sohn das Fräulein, das die Stelle der toten Mutter vertritt. Er vereinbart sogar ein nächtliches Stelldichein mit ihr: „Liebes Fräulein, laß mich noch bei dir sein heute Nacht. Ich will dich lieben! [...] laß mich zum Manne werden" (DS, 30). Dabei erregt ihn vor allem die Vorstellung, so seinen Vater zu betrügen: „Welche Wollust, ihn zu betrügen!" (DS, 29) All dies konnotiert die sexuelle Beziehung des Sohnes zum Fräulein ödipal. In Bronnens Stück begehrt Walter sogar ganz offen seine Mutter, die sein Verlangen nach anfänglichem Sträuben erwidert. Wehrt sie seine Küsse in einer frühen Szene noch mit den Worten „Laß, laß, was fällt dir ein, Walter, Küss mich nicht, genug, hörst du" (V, 69) ab, so sind beide in einer späteren Szene „aufs äußerste erregt; sie läßt das Hemd los [...] und steht nackt vor ihm" (V, 184). Doch noch läuft sie sogleich „vor ihm erschreckend" (ebd.) davon. Nach dem von Walter begangenen

17 Dies heißt allerdings keineswegs, dass sich Alsen und Tichauer auf eine bloße Umkehrung der Geschlechterkonstruktionen und -rollen beschränken.

Mord an seinem Vater fordert sie ihn jedoch verführerisch auf: „Komm zu mir, o o ohh, komm zu mir." (V, 185) Mit der Bluttat ist Walters ödipales Begehren jedoch erloschen und er stößt seine Mutter mit den Worten „Ich hab genug von dir [...] du bist alt, / Ich bin jung aber, / Ich kenn dich nicht" von sich. (V, 185–186) Die Mutter wurde von Walter somit nicht etwa um ihrer selbst Willen begehrt, sie war vielmehr nichts weiter als ein (Sexual-)Objekt, über und um das er seinen Konflikt mit dem Vater austrug. Nach dessen Tod bedeutet sie ihm folglich nichts mehr. Somit lässt sich der Befund der Bedeutungslosigkeit der Mütter in den von den Männern inszenierten Vater/Sohn-Konflikten für Bronnens Stück präzisieren. In dessen *Vatermord* ist die Mutter zwar das zentrale *Objekt* im Kampf zwischen Vater und Sohn. Als handelndes *Subjekt* jedoch ist sie bedeutungslos. Auch nicht einen Moment kann sie in das Geschehen eingreifen oder gar den Lauf der Dinge beeinflussen. So ist sie etwa unfähig, den vom Vater eingesperrten Sohn zu befreien, der durch die geschlossene Tür vergeblich „Mutter, Mutter, Mutter, Mutter, Mutter, hilf mir!" (V, 104) fleht.

Im Motiv des ödipalen Begehrens aber liegt der entscheidende Unterschied zwischen den Stücken der Autoren und den Erzähltexten der Autorinnen. Ist die Sexualität der Söhne in den Werken von Hasenclever und Bronnen eindeutig ödipal, so kann hiervon in den Erzähltexten keine Rede sein. Dafür aber führt Alsen ein dem Vater/Sohn-Konflikt in den Stücken der Männer völlig fremdes Motiv ein, das des Vampirismus. Nachdem Ludwig Ellinor gewaltsam einen Kuss aufgezwungen hat, zeichnen sich an ihren „Mundrändern" die typischen Male eines Vampirbisses ab: „in zwei tiefen Eindrücken, die die Form zwei vorstehender Vorderzähne purpurn abmalten, hing je ein Tropfen Blut" (DM, 34). Damit ist Ludwig als Vampir gekennzeichnet, der seine Opfer – Ellinor sexuell, seine Mutter finanziell – aussaugt. Hierzu passt auch, dass er seinen Ausschweifungen gleich den untoten Kreaturen der Finsternis, des nachts frönt. Die Relevanz des Vampirmotivs wird noch dadurch hervorgehoben, dass sich „die wunden Male unter Ellinors Kindermund" auch später noch abzeichnen und Henny den Schlaf rauben. (DM, 35–36) Vor allem aber weist Alsen wiederholt auf die an ein Vampirgebiss erinnernden Zähne Ludwigs hin. „[V]erbreitert[]" sich „Ludwigs Mund" zu dem „unsaubere[n], perfide[n] Lächeln des Manntiers", schiebt sich „das Weiß der beiden vorgebauten Vorderzähne" zwischen das „klaffende[] Rot" seiner Lippen. (DM, 40)

Die Unterschiede zwischen den Generationenkonflikten in literarischen Werken von Expressionisten einerseits und Expressionistinnen andererseits liegen, wie gezeigt, also nicht nur darin, dass er bei den Autoren als Vater/Sohn-Konflikt auftritt, während die Autorinnen Konflikte zwischen Müttern und ihren sowohl männlichen wie weiblichen Kindern literarisieren; sie erstrecken sich vielmehr auch auf die impliziten Erzählperspektiven, die Identifikationsfiguren sowie auf den Ursprung, den Verlauf und die (katastrophale) ‚Lösung' der Konflikte. Zudem wird der Generationenkonflikt von Alsen mit dem in expressionistischen Vater/Sohn-Konflikten unbekannten, sexuell konnotierten Vampir-Motiv verknüpft, während die Sexualität der Söhne bei Hasenclever und besonders deutlich bei Bronnen ödipal ist.

Weiblicher Expressionismus im Film

Der Golem wie er in die Welt kam von Paul Wegener und die Verkörperung des Weiblichen in der Figur Miriams, interpretiert von Lyda Salmonova

Ricarda Hirte

Der Regisseur Paul Wegener verarbeitete das Golem-Thema in drei Filmen und besetzte die weibliche Hauptrolle mit Lyda Salmonova, seiner dritten Ehefrau: Den ersten von 1914 mit dem Titel *Der Golem*, uraufgeführt am 15. Januar 1915, den zweiten *Der Golem und die Tänzerin*, uraufgeführt am 27. Mai 1917 – von diesem Film ist leider nur das Drehbuch und kein Negativmaterial erhalten –, und den dritten *Der Golem wie er in die Welt kam*, uraufgeführt am 29. Oktober 1920 im UFA-Palast am Zoo in Berlin. Der letztgenannte Film ist der bekannteste und quasi der Referenzfilm, wenn vom Golem die Rede ist, und zwar nicht nur in seiner Entstehungszeit, was verschiedene Verleihversionen bestätigen, sondern auch noch heutzutage. Aus diesem Grund konzentriert sich der vorliegende Beitrag auf den letztgenannten Golem-Film aus dem Jahr 1920.

Im Allgemeinen wird der in den UFA-Studios gedrehte Film *Der Golem wie er in die Welt kam* als ein expressionistischer Film aufgefasst, auch wenn der Regisseur Wegener dies abstritt. Zum einem liegt das an der Thematik, die die „Hoffnungslosigkeit des Individuums im Kampf gegen übermächtige Schicksalsgewalten oder die eigenen dumpfen Triebe“[1] darstellt. Zum anderen ist es das „berühmte Helldunkel des deutschen Films“[2], das als ein wesentliches Attribut des Expressionismus anzusehen ist. Thematisch lässt sich der Film als Ausdruck der gesellschaftlichen und politischen Unsicherheit verstehen, der sich die Bürger nach dem Ende des Ersten Weltkriegs und dem Scheitern der Novemberrevolution von 1918 mit ihren Folgen gegenübersahen. Mit dem Zusammenbruch des Wertesystems des deutschen Kaiserreichs

1 Helmut Korte: *Film und Realität in der Weimarer Republik*. München: Hanser 1978, S. 32.

2 Lotte H. Eisner: *Die dämonische Leinwand*. Frankfurt am Main: Fischer 1990, S. 47.

nach dem Ersten Weltkrieg änderte sich auch die Rolle der Frau innerhalb der Gesellschaft.[3] Nicht nur war es der Frau als Künstlerin nun gestattet, öffentliche Kunstakademien zu besuchen und somit die Fesseln der sogenannten Frauenakademien abzustreifen, sondern im Zuge der in Ansätzen erfolgten rechtlichen Gleichstellung konnten Frauen staatliche Ausbildungsinstitutionen besuchen und ihre Berufe hauptberuflich ausüben. Die von der bürgerlichen Gesellschaft zugedachte weibliche Rolle von Ehefrau und Mutter trat während des 19. Jahrhunderts und zu Beginn des 20. Jahrhunderts in ein Spannungsverhältnis mit dem neuen beruflichen Selbstverständnis der Frau. Die Neudefinierung der Rolle der Frau entledigte sich nicht nur im künstlerischen Schaffen traditioneller Konventionen, sondern provozierte einen neuen weiblichen Stolz und eine neue weibliche Identität.
Wendet man sich nun der Rolle der Frau in dem Film *Der Golem wie er in die Welt kam* zu, lassen sich in der Darstellung der Figur Miriams Verweise auf eben diese psychologischen Momente finden. Hierfür ist es entscheidend, einen kurzen Blick auf die Sprachpsychologie, den Stummfilm und die Filmsprache zu werfen, da wir bei diesem Film von einem Medium ausgehen, in dem die Gestik übersteigert ist, um die fehlende Verbalisierung und generell die Vertonung als Teil des Filmmaterials zu kompensieren (der vorliegende Film besaß für seine Dramaturgie eine spezielle Begleitmusik)[4]. Geht man davon aus, dass sich die Filmsprache aus dem technischen Bereich der Filmtechnik und der Rezeption des Zuschauers konstituiert, kann diese Rezeption auch als eine ‚innere Sprache' verstanden werden, wobei vor allem die Wahrnehmung das ‚Kino im Kopf' entstehen lässt. Dies bedingt für jeden Zuschauer sein individuelles Verstehen, das sich aus dem Sehen und gleichzeitigen Interpretieren, bei einer Reduktion von Syntax und Phonetik, zusammensetzt. Da das Bild an sich alleine schon Aussagekraft besitzt, ist der Stummfilm nicht einfach ‚stumm', sondern wie Boris Ejchenbaum den Film ohne Ton begriff, „die Abwesenheit des

3 Vgl. Wolfgang Ruppert: *Der moderne Künstler. Zur Sozial- und Kunstgeschichte der kreativen Individualität in der kulturellen Moderne im 19. und frühen 20. Jahrhundert*. Frankfurt am Main: Suhrkamp 1998.

4 Dieser Aspekt liegt in meinem Buch, das sich mit der Filmanalyse des Golem-Films beschäftigt, ausgearbeitet vor. Vgl. Ricarda Hirte: *Die geheime Botschaft in Wegeners Stummfilm ‚Der Golem wie er in die Welt kam'*. San Miguel de Tucumán: Universidad Nacional de Tucumán 2013.

hörbaren Wortes"[5], das eine neue Korrelation von Wort und Gegenstand erzwingt. Die „innere Rede"[6] äußert sich für ihn in der Verbindung von Wahrnehmung und Verstehen des Films, wobei aus dem Montagekontext der Bilder eine individuelle Verbalsprache hervorgeht. So kann man ableiten, dass „innere Rede" der Vermittler von Text und Subjekt, zwischen Sprache und Psyche ist.

Folgt man diesem Ansatz, so liefert Lew S. Wygotski mit *Denken und Sprechen*[7] entscheidende Gedanken: Für den Sprachpsychologen steht im Zentrum seiner Arbeit die „innere Sprache"[8], vergleichbar mit Ejchenbaums „innerer Rede", die sich aus der Überlagerung von Sprache und Denken ergibt. So untersucht er die Bezüge von Sprache, Denken, Kognition und Rezeption. Ausgehend von der Annahme, dass geistige Funktionen durch funktionale Verbindungen zwischen verschiedenen geistigen Tätigkeiten realisiert werden, gelangt er zu der Überzeugung, dass diese Verbindungen in einem kulturellen Kontext entstehen. Die Kommunikation konstituiert sich durch kulturell gewachsene Zeichensysteme, wobei dem Zeichen die Aufgabe zukommt, die Verbindung zwischen Mensch und Zeichen zu realisieren. Das Zeichen ist somit von der sozialen und kulturellen Konnotation abhängig, um innerhalb der Kommunikation zwischen zwei Menschen zu wirken, die das Zeichen gleichermaßen interpretieren. Somit ist die kognitive Entwicklung eines Menschen an die soziale und kulturelle Komponente gebunden. Die „innere Sprache" allerdings fasst Wygotski als einen entwicklungspsychologischen und neurophysiologischen Untersuchungsgegenstand auf. Sprechen und Denken weisen keine Identität auf, sondern konstituieren sich durch ein allmähliches Konvergieren, dessen Resultat die Einheit von Denken und Sprechen ist. Daher erreicht das Sprechen und Denken keine Kongruenz, sondern der Sprechakt wird durch das synthetische Überlappen beider hervorgebracht.

Wendet man Wygotskis „innere Sprache" auf den Film an, so muss davon ausgegangen werden, dass filmisches Erzählen als nonverbales ‚lautes' Denken begriffen wird, es sich folglich um eine ‚innere Filmsprache' handelt. Auf der Ebene des phänomenalen Unterschieds

5 Boris Ejchenbaum: *Aufsätze zur Theorie und Geschichte der Literatur*, ausgew. u. aus d. Russ. v. Alexander Kaempfe. Frankfurt am Main: Suhrkamp 1965, S. 76.

6 Ebd.

7 Lew S. Wygotski: *Denken und Sprechen*. Frankfurt am Main: Fischer 1977.

8 Ebd.

stimmen somit Filmsprache und „inneres Sprechen“ überein, davon ausgehend, dass die filmische Einstellung gleich das Perzept ist und das Wort als Konzept der filmischen Kohärenz, die aus präsentationaler Simultaneität und diskursiver Sukzession der Bilder besteht, aufgefasst wird.

Allerdings besteht zwischen beiden Sprachsystemen, der Filmsprache und der Verbalsprache, ein immanenter Unterschied, wobei der Stummfilm generell davon ausgeht, dass ein ‚verbaler‘ Mechanismus im Film wirke. Die nichtverbale Sprache, die *langage*, träte somit an die Stelle der verbalen Artikulation, der *langue*, im Film ausgedrückt in den visuellen Mitteln. Daher betrachtet sich der Film von Anfang an selbst als eine Sprache und sucht nach deren Syntax, stellt Julia Kristeva fest.[9] So kann man ihr folgend sagen, dass die Suche nach den Gesetzen filmischen Ausdrucks viel ausgeprägter war in einer Zeit, als der Film außerhalb der gesprochenen Rede situiert war: Stumm suchte der Film nach einer Sprache mit einer Struktur, die sich von der gesprochenen Rede unterschied. Sprechen und Schweigen sind in einem Film wie in einem Chiasmus angesiedelt. War die Sprache im Stummfilm visuell, die *parole*, die sich in der Ausdrucksform der Schauspieler zeigt, so verblasst im Tonfilm diese visuelle Sprache zu Gunsten des hörbaren Sprechakts, der *langue*. Die Deutlichkeit der Gestik und Mimik im stummen Film, wie der Filmmontage als Technik, verstummen mit dem Aufkommen des Tonfilms. Der Stummfilm kommuniziert auf der Ebene der szenischen Interaktion. Das Wort manifestiert sich als Ausdruck, als Geste und wird im Zuschauer als inneres Wort lautlos verbalisiert:

> Als Gestus verbindet sich das Schweigen im Film jedoch auch mit der visuellen Formensprache, dem Bildergestus des Stummfilms, um dort zur „Sprache“ zu kommen. Es gibt ein Schweigen im Stummfilm, das bloße (expressive) Unterbrechung des szenischen stummen Redens ist; es gibt aber auch ein (beredtes) Schweigen, das ganz und gar der Formensprache seines visuellen Ausdrucks zugeordnet ist.[10]

9 Vgl. Julia Kristeva: *Language. The Unknown. An Initiation into Linguistics*. New York: Columbia UP 1989, S. 316.

10 Joachim Paech: Zwischen Reden und Schweigen. In: Paul Goetsch / Dietrich Schennemann (Hrsg.): *Text und Ton im Film*. Tübingen: Narr 1997, S. 47–68, hier S. 49.

So ‚spricht' der Stummfilm in seiner eigenen Sprache, verbindet sich die filmische Ausdrucksmöglichkeit mit der menschlichen und tritt in einen kommunikativen Akt mit dem Zuschauer, der, indem er einer kulturologischen Zeit angehört, die kognitive Rezeption des stummen Sprechakts verbalisiert, interpretiert und letztlich interieurisieren kann.
Der vom Zeitgeist geprägte Mensch versucht, im Film der Realität zu entfliehen, und taucht in eine Scheinwelt ein, die im Expressionismus meist mythisch erklärt ist. Eine Welt, die von Tyrannen oder übermenschlichen Wesen beherrscht wird, verleitet den Menschen zu Taten, für die er sich nicht verantwortlich fühlt, da er von unsichtbaren Mächten verleitet wurde. Das Kino wird zur Flucht vor der Realität, wobei der Film so angelegt ist, dass der Zuschauer sich mit einem Darsteller verbündet, ja eine kurze, den Film überdauernde Symbiose eingeht, indem der Zuschauer sich mit dem Schauspieler identifiziert. Filmtechnisch konnten diese innermenschlichen Prozesse und Empfindungen wie Angst, Hoffnungslosigkeit und allgemeine psychische Stadien durch Mimik und Gestik der Schauspieler, durch Beleuchtungstechniken und Dekoration visualisiert werden. Zudem halfen die Einstellungsgrößen, die äußere und innere Handlung filmisch zu trennen. Im Zentrum dieser Filme aus den 1920er Jahren steht das variierte Motiv des Doppelgängers und des Anderen. Aber in welcher Gestalt auch das Inhumane zu Tage tritt, ein Element triumphiert: die Liebe. Der Golem liebt Miriam, aber der Golem ist ein von Menschenhand geschaffenes inhumanes Wesen. Das Inhumane steht für den anderen Teil, das Ausgegrenzte, das nicht Sehenswerte, das, was verschwiegen werden will und Teil eines jeden Menschen ist, das nicht nur auf das Unterbewusstsein reduziert werden kann. Vielmehr ist es das, was den Menschen zu einem Ganzen werden lässt. Da es aber nicht von diesem angenommen wird, ist der Mensch ein sich selbst entfremdetes Wesen, das sich nach dem Eins sein sehnt. Dieses Eins sein erhofft er sich in der Liebe, die die Illusion des Verschmelzens zu einem Ganzen gibt. So ist es nicht verwunderlich, dass in diesem Golem-Film eine Dreierkonstellation der Personenbezüge besteht: Golem – Miriam – Florian, das menschliche Liebespaar und der nichtmenschliche Golem, der oft als das destruktive Element interpretiert worden ist.
Das Gegensatzpaar Miriam und der Junker Florian sind vor allem durch ihre gesellschaftlich unterschiedliche Zugehörigkeit gekennzeichnet, zudem kommen sie aus unterschiedlichen religiösen Bereichen. Indem Florian in das Ghetto eindringt und sich in Miriam verliebt,

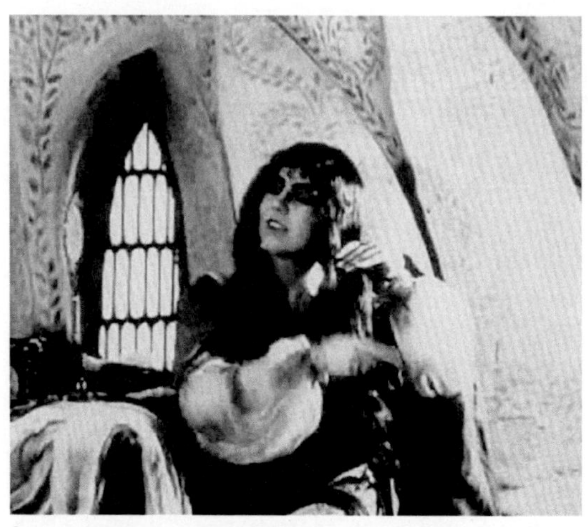

Abb. 1
Miriam macht Toilette, Screenshot aus *Der Golem wie er in die Welt kam*.

überschreitet er eine soziale und topographische Grenze, die den weiteren Verlauf des Films bestimmt. Er dringt in einen ihm nicht korrespondierenden Raum ein. Miriam, die Tochter des allseits akzeptierten, in kabbalistischer Magie bewanderten Rabbi Löw, kommt innerhalb der jüdischen Gesellschaft eine besondere Position zu. Obwohl sie im heiratsfähigen Alter ist, ist sie ledig und besorgt den Haushalt, in dem sie mit ihrem Vater lebt. Miriam wird als junge Frau eingeführt, die Wert auf ihr Äußeres legt, was sich in der langen Szenenfolge des Haarkämmens ersehen lässt.[11]

Zudem unterwirft sie sich nicht dem Kleidercode der jüdischen Frauen, die ihr Haar durch ein Tuch bedeckt tragen. Ganz im Gegenteil, ihre Frisur besteht aus Zöpfen oder sie trägt die Haare offen. Dieses Verhalten nähert sie indirekt an die christliche Gesellschaft an und auch hier wird durch ihr Erscheinungsbild die fatale Entwicklung ihrer Liebesbeziehung impliziert. Miriam symbolisiert das ‚schöne Judenmädchen' und respektiert zu Anfang die Autorität des Vaters. So trinkt sie erst aus dem Becher, nachdem ihr Vater ihr die Erlaubnis dazu gegeben hat. Doch die Liebe zu Florian bewegt sie, die gesellschaftlichen Konventionen aufzugeben und auch ihren Vater als Respektsperson abzulehnen.

11 Der Akt des Kämmens verweist auf die lange Rezeptionsgeschichte der ‚schönen Jüdin' in der Literatur, die ihre Wurzeln in der Bibel besitzt. Der ‚schönen Jüdin' kommen demnach drei Eigenschaften zu: erstens ihre Schönheit als ambivalentes Gut, das Fluch und Segen impliziert, zweitens ihre Wirkung auf Nichtjuden und drittens ihre Rolle als ‚Fremde' und ‚Exotin', die außerhalb der Gesellschaft lebt.

So verkörpert Miriam im Film durch ihr Verhalten das erwachende neue Selbstverständnis der Frau nach dem Ersten Weltkrieg. Doch scheint es fast, dass dieses neue Selbstverständnis mit seiner weiblichen Neudefinition durch die sich anschließende filmische Handlung nicht verwirklicht werden kann. Die Filmdramaturgie appelliert an die ‚alten' Konventionen der Rolle der Frau.

Wenden wir uns nun der Schlüsselszene des Films zu, die oft als Auslöser der reinen Zerstörungswut des Golem analysiert wurde und gleichzeitig die traditionelle Rolle der Frau beschwört: Zu diesem Zeitpunkt des Films hat der Golem seine Aufgabe, die Juden vor dem Stadtverweis zu schützen, erfüllt und nichts spricht dagegen, dass der Rabbi ihn in seine Urelemente zurückversetzt. Allerdings wird der Rabbi zur Synagoge gerufen und der Golem und der Shem[12] bleiben in seinem Arbeitszimmer zurück. Da der Golem bereits erste menschliche Gefühlsregungen im Film gezeigt hatte, intensivieren und konkretisieren sich diese im weiteren Verlauf: Famulus, der Gehilfe des Rabbi, der in Miriam verliebt ist, überrascht diese mit dem Junker Florian. Aus Eifersucht versucht er, beide zu trennen, und setzt dem Golem ohne Erlaubnis des Rabbi den Shem ein. Famulus benutzt hier den Golem aus persönlichen Gründen und nicht wie der Rabbi zum Gemeinwohl der Juden. Der Golem wird zum Werkzeug der Gewalt, genährt durch Eifersucht. Insofern verschiebt sich die Funktion des Golem vom Retter der Gemeinde zum Objekt aus niedrigen Beweggründen. Dies ist eine Funktionsverschiebung hinsichtlich der Motivation, die zur Schaffung des Golem führte. Wird diese Funktion auf rein persönliche Gründe reduziert, ja missbraucht, unterliegt er nicht mehr seiner ursprünglichen Konzipierung. Der Golem gewinnt so an Autonomie und Persönlichkeit, was sich an seinem Handeln ablesen lässt und sich im Ausleben seiner Emotionen manifestiert, die ambivalent zwischen Zärtlichkeit und Destruktion oszillieren können.

Miriam steht nun zwischen zwei menschlichen und einem nichtmenschlichen Kontrahenten, wobei sie die Aufmerksamkeit des Junkers erregen will und gleichzeitig die Eifersucht des Famulus steigert. Sie verlässt für einen Augenblick die ihr zugedachte konventionelle Rolle der jüdischen Frau, indem sie es gestattet, dass der Junker sich

12 Mit Shem wird das Amulett benannt, das dem Golem das Leben ‚schenkt' und sich in der Mitte seiner Brust befindet; entfernt man diesen, so verfällt der Golem in Aktionsstarre.

ihr nähert. Mit einem neuen freien Selbstbewusstsein ist sie am Beginn einer nicht gestatteten Beziehung. So ist es nicht verwunderlich, dass sich die Szene im Haus des Rabbi abspielt, wo das Scheitern dieser durch den Ort angekündigt wird. Miriams Handeln hat zudem die Eifersucht des Famulus geweckt, der den Golem benutzt, um die Beziehung zwischen Miriam und Florian zu beeinträchtigen: Famulus weist den Golem an, die Tür zu dem Raum, in dem sich Miriam und Florian befinden, einzudrücken. Der Golem bahnt sich einen Weg zu Miriam, um diese von dem Junker zu trennen, allerdings greift dieser den Golem mit einem Messer an. Famulus insistiert, dass der Golem Florian aus dem Ghetto vertreibe und mit dem ‚Entfernen beider aus dem Raum' erreicht Famulus, dass er sich um Miriam kümmern kann und sie sich vielleicht zu seinen Gunsten entscheidet. Miriams Rolle als Frau hat sich an diesem Punkt im Film grundlegend geändert: Sie ist von nun an nicht mehr die junge Frau, die selbständig handelt, sondern sie verwandelt sich in ein weibliches Opfer, ausgedrückt in ihrer langen Ohnmacht, die bis zum Filmende anhält und sie entscheidungsunfähig macht. Hier endet quasi auch ihre Filmrolle als attraktive, selbstbewusste und freie Frau, die an der Schwelle des Übertritts der Gesellschaftskonventionen steht. Da die Frau in der damaligen Gesellschaft eine feste zugeschriebene Rolle zu erfüllen hatte, muss ihre filmische Darstellung hier enden. Ihre Attribute verkehren sich in ihr Gegenteil, so ist sie von diesem filmischen Zeitpunkt an passiv und ausgeliefert mit verblassender Schönheit. Miriam erfüllte hinsichtlich der gesellschaftlichen Rolle nicht die Erwartungen an eine behütete junge Frau und ihre Ohnmacht kann auch als Strafe interpretiert werden.

Für die filmische Handlung aber ist ihre Ohnmacht entscheidend, der sonst passive, nur auf Weisung agierende Golem beginnt, selbstständig zu handeln: Als der Golem Florian verfolgt und beide auf dem Turm der Ghettoummauerung ankommen, stürzt der Golem den Junker vom Turm. Zeichnete sich auf dem Gesicht des Golem zuerst Wut ab, so ist nach seiner Tat, sein Gesicht nicht mehr zu sehen; er blickt eine Zeitlang vom Turm auf den Junker hinab, bis Miriam und Famulus hinzukommen. In diesem entscheidenden Moment fällt Miriam in Ohnmacht und wird vom Golem zurück in den Wohnraum getragen und auf einen Tisch gebettet. Dort streicht er fast sanft über ihren Körper, nimmt ihren Kopf in beide Hände und seine Geste deutet einen Kuss an, den er aber nicht ausführen kann, da Famulus ihn

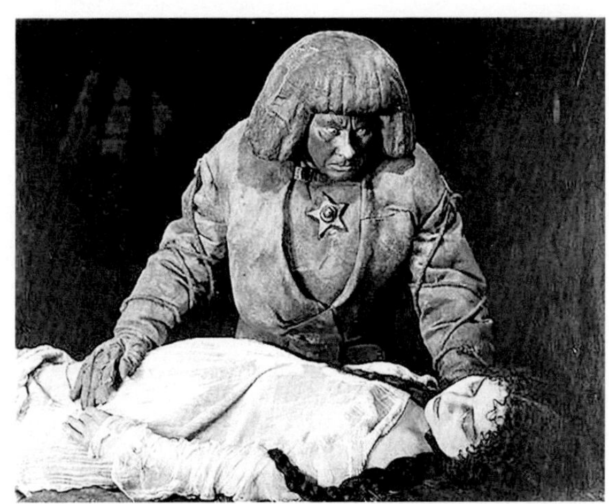

Abb. 2
Der Golem mit der ohnmächtigen Miriam, Screenshot aus *Der Golem wie er in die Welt kam.*

daran hindert. Als der Golem Miriam vor sich hat, zeichnet sich auf seinem Gesicht Erstaunen ab und es scheint, dass sich eine animalische Triebhaftigkeit in ihm breit macht. Gleich einem Tier, das das andere Geschlecht riecht, rümpft er die Nase und beugt sich über Miriam. Seine plumpen Gesten sind voller Zärtlichkeit für sie und nichts verweist auf ein aggressives Verhalten. Wieder ist es Famulus, der eingreift und versucht, dem Golem den Shem zu entfernen, was dieser aber nicht gestattet. Der Golem sieht sich weiterer Aggression ausgesetzt, nun aber von Seiten des Famulus; er nimmt ein brennendes Holzscheit aus dem Ofenfeuer und versucht, Famulus damit aus dem Raum zu drängen. Dies gelingt ihm, aber er steckt den Raum in Brand. Zeigte der Golem anfangs einen Animalismus, so verschieben sich für einen Moment die Rollen, denn wie der Golem Famulus hinaustreibt, versucht man ein Tier abzuwehren – mit Hilfe des Feuers. Dadurch stehen Famulus und der Golem auf einer Stufe. Sie werden von ihrer Triebhaftigkeit bestimmt – Eifersucht ist ein starkes irrationales Gefühl und verweist auf Triebe. In dieser Szene dominiert die Besitzgier nach der ‚Beute' Miriam, wobei der Stärkere gewinnt. Miriam ist in dieser Situation als Objekt zu sehen und unklar bleibt, ob sie Angst vor dem Golem verspürt oder vor der Situation an sich.

Verbleibt man nun bei dieser These, dass der Golem nicht aus reinem Zerstörungswillen handelt, sondern aus Triebhaftigkeit und Selbstschutz (sein Verhalten kann auch als Verteidigung ausgelegt werden), so lassen sich die nächsten Einstellungen ebenfalls in dieser Hinsicht lesen. Der Golem ‚rettet' Miriam vor dem Feuer und schleppt sie mit sich. Da der Golem weder unterrichtet worden ist noch über Schmerzerfahrung und Handlungsschemata verfügt, ist in seiner Aktion, Miriam an den Haaren hinter sich herzuziehen, nicht unbedingt ein Akt der Misshandlung zu sehen. Er schleppt sie fort, wie es für ihn und seine Kraft entsprechend ist, geleitet durch seinen Animalismus verhält er sich wie ein Tier, das seine Beute mit sich zieht. Bevor der Golem versucht, das Ghetto zu verlassen, bettet er Miriam auf einen Stein und verabschiedet sich von ihr mit einer zärtlichen Geste. Fast scheint es, als ob er Miriam aus doppelter Gefahrensituation rettet, zum einen aus der Konfliktsituation zwischen Famulus und Graf Florian und zum anderen aus dem Feuer. Als der Golem mit Miriam durch das Ghetto geht, bildet die jüdische Bevölkerung ein Spalier. Einige dieser Mitbewohner weisen Misshandlungen auf oder scheinen in Ohnmacht gefallen zu sein. Allerdings, und dies scheint wichtig für die Analyse des Golem, wird eine Aggressivität von Seiten des Golem suggeriert, die sich im Filmmaterial nicht bestätigen lässt; wohl aber kann diese filmische Sequenz als Anlass vielfacher Interpretationen angesehen werden. Ebenso verhält es sich mit dem Übergreifen der Flammen, das auf die bauliche Konstruktion des Ghettos zurückzuführen ist und nicht auf die Handlungen des Golem, und dass der Turm im Feuer zusammenbricht, hat eher symbolischen Charakter: Der Ort des Todessturzes, der Turm, bricht im Feuer zusammen und annulliert quasi die Tat, da Feuer als Zeichen der Läuterung gilt und vorherige Handlungen in einen anderen Sinnzusammenhang stellt. So sind Erschaffungsort des Golem und signifikative Orte, an denen der Golem handelt, durch das Feuer vernichtet worden. Dies impliziert, dass der Golem zu einer Person im eigentlichen Sinne geworden ist. Diese Annahme bestätigt sich in der Veränderung des Bildausschnittes, als der Golem vor die Ghettomauern tritt. Miriam hingegen verbleibt auf dem Stein, ihr Gesicht von ihren Haaren bedeckt: die Frau, die die gesellschaftlichen Konventionen missachtete und daran scheiterte.

Lyda Salmonova interpretierte nicht nur in diesem Golem-Film die Rolle der Miriam, sondern verkörperte in allen Golem-Filmen Wegeners die weibliche Hauptrolle. Die tschechische Schauspielerin war an der Schauspielschule des Deutschen Theaters in Berlin ausgebildet worden und gab dort unter der Leitung von Max Reinhardt 1910 ihr Bühnendebüt. Sie blieb bis 1918 dem Deutschen Theater als festes Ensemblemitglied treu. Als sie 1913 an der Seite von Wegener erstmals vor der Kamera stand, änderte sich ihre Schauspielkarriere: Da sie im

Stummfilm Mimik gezielter einsetzen konnte als im Theater, konzentrierte sie sich in den nächsten Jahren auf dieses Medium. So war ihre Filmkarriere nicht nur künstlerisch eng an Wegener gebunden, sondern sie ging mit ihm auch eine private Beziehung ein. Zu den Eckdaten dieser Beziehung gibt es in den Quellen einen Widerspruch, wann die Heirat zwischen Lyda Salmonova und Paul Wegener stattfand und in welchem Jahr die Scheidung erfolgte. Fest steht, dass aus der Beziehung der gemeinsame Sohn Peter Wegener, geboren am 29. August 1917 in Berlin, hervorging.[13] Ihre Filmografie legt die Annahme nahe, dass sie ihr schauspielerisches Talent dort unter Beweis stellen konnte, wo Wegener selbst in den Filmprozess involviert war, als Schauspieler, Regisseur oder Drehbuchautor. Demnach hatte Lyda entscheidende Probleme, sich an der Seite Wegeners als Schauspielerin selbst zu verwirklichen, was sich im Verlassen des Ensembles des Deutschen Theaters 1918 bestätigt. Nach ihrer Scheidung 1924 und mit der gleichzeitigen Fertigstellung ihres letzten Films *S.O.S. Die Insel der Tränen* (D 1923. R: Lothar Mendes), der ihren endgültigen Rückzug vom Filmgeschäft kennzeichnet, schlägt sie eine andere Richtung ein: In den folgenden Jahren sieht sie ihre Hauptaufgabe in der Förderung des Schauspielnachwuchses. So übernahm sie bis Anfang der 1930er Jahre Aufgaben am Theater und war Dozentin an der Schauspielschule der UFA in Potsdam-Babelsberg. Ihre berufliche Selbstständigkeit drückt sich wohl am ehesten in der Gründung ihres Schauspielstudios Lyda Wegener aus. Auch wenn sie dieses Studio unter dem Namen ihres Ehemanns gründete, schränkt dies ihre Selbstständigkeit nicht ein. Motive gibt es hierfür viele und eines könnte die Legalität der Institution sein, denn eine Scheidung hat nicht automatisch Einfluss auf die Namensführung. Der Untergang der Weimarer Republik und die politischen Veränderungen im Deutschland der 1930er Jahre sowie der Ausbruch des Zweiten Weltkriegs und die sich anschließenden Kriegsjahre zwangen sie, nach mehrfacher Ausbombung Deutschland zu verlassen. Nach ihrer Übersiedlung in ihre Heimatstadt Prag starb sie dort fast vergessen am 8. November 1968 im Alter von 79 Jahren.

13 Vgl. Salmonova, Lyda. In: Cyranos, www.cyranos.ch/smsalv-d.htm (Zugriff am 25.04.2016). Das Deutsche Historische Museum gibt als Heiratsjahr 1924 und Scheidungsjahr 1926 an, wohingegen www.film-zeit.de und www.cyranos.ch vom Heiratsjahr 1913 und Scheidungsjahr 1924 ausgehen, letztere Daten wurden in einem Artikel von *Die Filmwelt* (Nr. 34, Wien) bestätigt. Die Lebensdaten des gemeinsamen Sohnes sind: Peter P. Wegener, geboren am 29. August 1917 in Berlin und gestorben am 13. September 2008 in den USA.

„Ich bin nicht modern" – Lotte Reiniger und der expressionistische Film

Matthias C. Hänselmann

Lotte Reiniger, die Pionierin des Silhouettenfilms, eine Expressionistin? Kaum etwas scheint zunächst abwegiger als das. Dabei hat diese Einschätzung ihren Hauptgrund wohl darin, dass Reiniger – quasi intersektional – als Frau im Umkreis einer Männerbewegung und zugleich in einer völlig marginalisierten Kunstform arbeitete, was ihre bisherige Missachtung in der Expressionismusforschung erklären mag. Der vorliegende Aufsatz will dies ändern und betrachtet daher allgemein die Rolle der kreativen Frau im Expressionismus, skizziert speziell den Weg Reinigers zum Silhouettenfilm und widmet sich erstmals den expressionistischen Aspekten im Werk Reinigers.

1. Der weibliche Expressionismus

Gegenüber dem „*weiblichen* Expressionismus", d. h. den Künstlerinnen im Umkreis des Expressionismus zeigen sich die dominanten zeitgenössischen Selbstbeschreibungen, aber auch viele Kategorien der herkömmlichen Expressionismusforschung als unzutreffend oder nicht übertragbar. Es „lässt sich nicht verleugnen, dass die literarische Jugendbewegung des Expressionismus eine *Männerbewegung* war"[1], die „noch dazu häufig keine besonders hohe Meinung vom Intellekt des ‚anderen Geschlechts'"[2] hegte und – bei aller sonstigen Progressivität – die Frau auf äußerst konservative Rollen festlegte.[3] Das Werk klar avantgardistisch schaffender Künstlerinnen in der ersten Hälfte des 20. Jahrhunderts findet sich in solchen Definitionen nicht wieder und es geht auch nicht auf im propagierten Ikonoklasmus einer

1 Thomas Anz: *Literatur des Expressionismus*. Weimar: Metzler 2010, S. 34.

2 Ralf Georg Bogner: *Einführung in die Literatur des Expressionismus*. Darmstadt: WBG 2009, S. 69.

3 Vgl. dazu auch Gisela Febel: „Poesie-Erreger" oder von der signifikanten Abwesenheit der Frau in den Manifesten der Avantgarde. In: Wolfgang Asholt / Walter Fähnders (Hrsg.): *Die ganze Welt ist eine Manifestation. Die europäische Avantgarde und ihre Manifeste*. Darmstadt: WBG 1997, S. 81–108, bes. S. 85.

Menschheitsdämmerung, in dem „Protest gegen die Väter“[4], die gut situierte Bürgerlichkeit und die überkommenen Werte: „Auf diesem [...] Kampfplatz haben die Töchter nichts zu suchen. Sie stehen am Rande des Dramas, das sich zwischen Vätern und Söhnen abspielt und mit dem allmählichen Verschwinden der Väter endet.“[5]
So bot den weiblichen Expressionistinnen weder die althergebrachte Ordnung Möglichkeiten und Formen, sich ihrem individuellen Empfinden gemäß auszudrücken, noch verlieh ihnen die neue Bewegung eine Stimme, die ihnen entsprochen hätte. Wie sie als schöpferische Kraft im traditionellen Kunstprozess marginalisiert wurden, erfuhren sie auch in der Bewegung des Expressionismus Ausgrenzung und fanden sich in einer Zwischenposition, aus der heraus sie weder konservativ an (weibliche) Kunsttraditionen anknüpfen noch diese verwerfen konnten: Sie waren weder hier noch dort verwurzelt, repräsentiert, verwirklicht. Bezeichnenderweise besitzen bspw. die Dichtungen Else Lasker-Schülers, Claire Golls oder Emmy Hennings Facetten und Stimmungen, die ihnen einen zum übrigen Expressionismus aparten Charakter geben. So unverkennbar geprägt dieser Charakter ist „von der tiefgreifenden Erfahrung der Verunsicherung, ja Dissoziation des Ich, der Zerrissenheit der Objektwelt, der Verdinglichung und Entfremdung von Subjekt und Objekt“[6], Erfahrungen, die auch die männlichen Expressionisten prägten, so anders ist doch häufig der weibliche Umgang mit diesen. Ohne verabsolutieren zu wollen, zeichnen sich die Arbeiten vieler Künstlerinnen der expressionistischen Zeitspanne im Gegensatz zum Bildersturm der männlichen Künstler häufig dadurch aus, dass sie das Überkommene nicht jähzornig und leichtfertig zertrümmern, obschon sie das Bewusstsein erkennen lassen, dass dieses Überkommene allgemein nicht mehr zeitgemäß und auch speziell für den individuellen Ausdruck ungeeignet ist. Die Revolution, der radikale Bruch ihrer männlichen Zeitgenossen mit dem Weltbild der „Väter“ eignet ihnen jedoch nicht, denn das „wäre zu nahe am Schweigen und Verstummen, wäre Bestätigung des historischen

4 Rudolf Kayser: Der Sohn. Anmerkungen zur Neu-Aufführung. In: *Das junge Deutschland* 1 (1918), S. 315–316, hier S. 315. Vgl. zu diesem Komplex auch Anz: *Literatur des Expressionismus*, S. 80–83.

5 Marlis Gerhardt: *Stimmen und Rhythmen. Weibliche Ästhetik und Avantgarde.* Darmstadt: Luchterhand 1986, S. 11.

6 Silvio Vietta / Hans-Georg Kemper: *Expressionismus.* München: Fink 1997, S. 21.

Stillstandes und der Sprachlosigkeit"[7], und so wenden sie sich dem Vorgefundenen zu und überformen dieses ihrem eigenen Ausdrucksbedürfnis entsprechend.

2. Reinigers Weg zum Silhouettenfilm

Auch das Schaffen Lotte Reinigers, die von sich selbst lapidar sagte: „Ich bin nicht modern, [...] ich mach das so"[8], muss unter diesem Blickwinkel gesehen werden. Es ist geprägt vom Herauslösen konventioneller Strukturen, Themen und stilistischer Ansätze aus der vorgefundenen Gegenwart, die sie – geleitet von einem klaren ästhetischen Konzept, handwerklichem Sachverstand und einer in ihrem Bereich nie wieder erreichten Kunstfertigkeit – zu etwas völlig Neuartigem verbindet und überformt, um so einen stimmigen künstlerischen Ausdruck zu finden. Am 2. Juni 1899 als Tochter eines Bankkaufmanns in Berlin, dem späteren Zentrum des Expressionismus, geboren, wuchs Lotte (eigentlich Charlotte) Reiniger in gutbürgerlichen Verhältnissen auf. Ihr Vater, der sie als Kind mit in die Ateliers befreundeter Künstler an der Kunstakademie nahm, weckte früh ihr Interesse für die darstellende Kunst. Dass sie sich den Scherenschnitt als Ausdrucksform wählte, mag an der ungemein großen Popularität dieser Kunst um 1910 gelegen haben, die besonders durch die Zeitschrift *Die Jugend* und Silhouettenkünstler wie Hugo Höppener oder Hermann Pfeiffer befördert wurde.[9] Reiniger zeigte eine natürliche Begabung für die ausdrucksstarke Umrissgestaltung und konstruierte aufgrund ihrer Begeisterung für Shakespeare noch während ihrer Schulzeit ein eigenes Schattentheater, um mittels diesem vor der Klasse Szenen aus Shakespeares Dramen vorzuführen.[10]

Dabei hatte sie zunächst Hoffnungen auf eine Karriere als Theaterschauspielerin und zeigte bald auch, als der Film sich als ‚siebte Kunst' zu etablieren begann, großen Enthusiasmus für diesen. Besonders die

7 Gerhardt: *Stimmen und Rhythmen*, S. 16.

8 Lotte Reiniger zit. n. Gespräch mit Lotte Reiniger, 1979. In: Werner Biedermann: *Filme, Festivals und Cineasten*. Schwerte: Katholische Akademie 2004, S. 15–28, hier S. 18.

9 Siehe dazu auch Heide Schönemann: *Paul Wegener. Frühe Moderne im Film*. Stuttgart / London: Menges 2003, S. 24.

10 Rolf Giesen / J. P. Storm: *Animation under the Swastika. A History of Trickfilm in Nazi Germany, 1933–1945*. Jefferson: McFarland 2012, S. 4.

Filme Paul Wegeners waren „ein magisches Ereignis“[11] für sie und als sie sechzehnjährig am 24. April 1916 im Saal der Berliner Singakademie den leidenschaftlichen Vortrag dieses Regisseurs über die *Neuen Kinoziele* hörte, in dem er gerade den Trickfilm als Katalysator für eine Erneuerung des Kinos propagierte,[12] war das die „Initialzündung“[13] für ihren Weg zur Silhouettenanimatorin. „[E]ntschlossen, an diesen großen Mann heranzukommen“[14], wurde sie noch im selben Jahr Mitglied der von Max Reinhardt geleiteten Schauspielschule am Deutschen Theater Berlin, an dem Wegener ein Engagement hatte, und konnte die Aufmerksamkeit des Letzteren auf sich lenken, indem sie, den Abendaufführungen beiwohnend, aufsehenerregende Silhouetten der Schauspieler in typischen Posen schnitt.

Wegener, der ihr besonderes Talent erkannte, nahm sie 1918 während seiner Dreharbeiten am *Rattenfänger von Hameln* (D 1918) in sein Drehteam auf und ließ sie für diesen Film die Zwischentitel gestalten. Als ein Jahr später unter der Leitung Hans Cürlis das Institut für Kulturforschung gegründet wurde, das als „erste deutsche wissenschaftliche Institution [...] bewusst den Film als Ausdrucksform für die Ergebnisse ihrer Arbeiten gewählt hatte“[15], war es ebenfalls Wegener, der Lotte Reiniger dort einführte und ihr, indem er ihr so die Tricktische des Instituts zugänglich machte, die Möglichkeit verschaffte, ihre Scherenschnitte erstmals mit kinematografischer Bewegung zu versehen. Am Institut lernte sie auch ihren späteren Mann, den Regisseur Carl Koch kennen, der die Aufnahmeleitung ihrer folgenden Filme

11 Lotte Reiniger in Heinz Steinke: *Paul Wegener – der Mann, der Golem war.* Fernsehsendung, Bayerischer Rundfunk, 19.02.1984.

12 Vgl. dazu Paul Wegener: Neue Kinoziele. In: Fritz Güttinger (Hrsg.): *Kein Tag ohne Kino. Schriftsteller über den Stummfilm.* Frankfurt am Main: Deutsches Filmmuseum 1984, S. 341–350.

13 Matthias Knop: Zwischen Expressionismus und Avantgarde. Lotte Reiniger – die Filmdichterin der Schattenwelt. In: Evamarie Blattner / Bernd Desinger / Matthias Knop / Wiebke Ratzeburg / Rada Bieberstein (Hrsg.): *Animation und Avantgarde. Lotte Reiniger und der absolute Film.* Ausstellungskatalog. Tübingen / Düsseldorf: Stadtmuseum Tübingen / Filmmuseum Düsseldorf 2015, S. 27–33, hier S. 27.

14 Lotte Reiniger in einem Tonbandinterview von 1979, zit. n. Alfred Happ: Szenen einer Freundschaft. In: Heiner Gassen / Claudine Pachnicke (Hrsg.): *Lotte Reiniger, Carl Koch, Jean Renoir. Szenen einer Freundschaft.* München: CICIM 1994, S. 9–63, hier S. 20.

15 Hans Cürlis zit. n. Jeanpaul Goergen: Schaffende Hände. Zur Gründung des „Instituts für Kulturforschung e. V.“ vor 80 Jahren. In: *Filmblatt* 12 (1999/2000), S. 4–7, hier S. 5. Siehe insgesamt dort.

übernahm, sowie den für ihre weitere Entwicklung wichtigen Trickfilmer Berthold Bartosch und die Silhouettenkünstlerin Toni Rabold. Bis zum 19. Dezember desselben Jahres konnte Reiniger ihren ersten Silhouettenkurzfilm fertigstellen: *Das Ornament des verliebten Herzens*. Damit hatte sie ihr Metier gefunden, in dem sie in über 80 Jahren Arbeit neben zahlreichen Filmzwischentiteln, Schattenspielen und Werbefilmen fast 50 Silhouettenfilme herstellte, deren bedeutendster sicher die unter der Mitarbeit Walther Ruttmanns entstandene erste lange Kinoanimation der Filmgeschichte ist: *Die Abenteuer des Prinzen Achmed* (D 1926).

3. Der expressionistische Einfluss im Werk Lotte Reinigers

Betrachtet man Reinigers Filme im Kontext expressionistischen Films, muss man sich bewusst machen, dass Letzterer selbst eine Sonderposition einnimmt, da er als Massenmedium an sich dem elitären Selbstverständnis der expressionistischen Bewegung widersprach. Gleichwohl ließen sich expressionistische Künstler „von ihm nicht nur rezeptiv, sondern auch in ihrer eigenen künstlerischen Aktivität faszinieren“[16]. Schon 1913 veröffentlichte Kurt Pinthus sein *Kinobuch*, eine Sammlung von Kinodramen u. a. von Walter Hasenclever, Else Lasker-Schüler und Albert Ehrenstein, in dessen Einleitung der Herausgeber programmatisch forderte, dass mit den filmischen Mitteln das „Realistische [...] in eine idealere, phantastischere Sphäre erhoben sein [soll]. Die Welt soll mit Abenteuern und Seltsamkeiten gespickt sein“.[17] Bedenkt man, wie nahe die Filme Reinigers diesen frühen, in expressionistischen Kreisen geteilten Idealvorstellungen eines künstlerischen Kinos kommen, ist es erstaunlich, wie wenig Beachtung ihr Werk in der bisherigen Forschung erfahren hat. In keiner der einschlägigen Veröffentlichungen zum Filmexpressionismus wird stärker auf Reiniger eingegangen.[18] Gleichzeitig werden in Publikationen zu Reiniger deren

16 Anz: *Literatur des Expressionismus*, S. 40.

17 Kurt Pinthus: Das Kinostück. Erste Einleitung für Vor- und Nachdenkliche. In: Ders. (Hrsg.): *Das Kinobuch*. Leipzig: Wolff 1914, S. 1–12, hier S. 5.

18 Jürgen Kasten: *Der expressionistische Film*. Münster: MAkS 1990, erwähnt sie gar nicht; Lotte Eisner: *Die dämonische Leinwand*. Frankfurt am Main: Fischer 1987, S. 162, nur in dem Hinweis, dass sie *nicht* den Falkentraum in Fritz Langs *Nibelungen* (D 1924) animierte, und Siegfried Kracauer: *Von Caligari zu Hitler*. Frankfurt am Main: Suhrkamp 1979, S. 137–138, nur am Ende seiner abschätzigen Aufzählung „historischer Schinken [...] für Kleinstädter und Ladenmädchen“. Dasselbe gilt

expressionistische Grundlagen meist übergangen, da auf ihr Hauptwerk *Prinz Achmed* fokussiert, besonders dessen Nähe zum absoluten Film betont und ansonsten meist nur die späteren Filme betrachtet werden.[19] Viel Substanzielles verliert sich durch diese Perspektive, wobei besonders dreierlei zu bedenken ist:

1. Der *Prinz Achmed* mit seinem Erscheinungsjahr 1926 steht gewissermaßen am äußeren Ende der Periodisierung des filmischen Expressionismus, der „auf das sogenannte *goldene Zeitalter* des deutschen Films“[20] festgelegt wird, also auf die Zeit „zwischen 1919 und 1928“[21].
2. Die Schaffenszeit Reinigers umfasst sechs Jahrzehnte (1919–1980) und weist entsprechend eine Fülle unterschiedlicher stilistischer Phasen und Entwicklungen auf, von der deutlich expressionistischen Darstellung bis 1928, zur stärker vom Art déco beeinflussten Gestaltung bis in die 1930er Jahre, über die klarere, offenere Komposition bis zur Mitte der 1940er Jahre bis zu den späteren Filmen mit ihren viel runderen Figuren, die sich an der Formensprache klassischer Märchenillustrationen und der frühromanisch-lieblichen Malerei Philipp Otto Runges orientieren.
3. Die Nutzung der abstraktiven Darstellungsweise des Scherenschnitts im Film bedingt nicht notwendigerweise eine Annäherung an den absoluten Film, der als solcher zudem nicht scharf vom Filmexpressionismus abzugrenzen ist, da „Abstraktion und intensive Expression“ ja gerade „den Schlüssel zur expressionistischen Weltanschauung“ darstellen.[22]

Sucht man das Expressionistische im Filmschaffen Reinigers, hat man sich folglich auf vier Filme zu konzentrieren: *Der fliegende Koffer* (D 1921), *Aschenputtel* (D 1922), *Die Abenteuer des Prinzen*

für englische Publikationen, etwa Dietrich Scheunemann (Hrsg.): *Expressionist Film*. Rochester: Camden House 2003, oder Paul Coates: *The Gorgon's Gaze. German Cinema, Expressionism, and the Image of Horror*. Cambridge: Cambridge UP 1991.

19 Das gilt selbst für die ambitionierte Veröffentlichung von Blattner / Desinger / Knop / Ratzeburg / Bieberstein (Hrsg.): *Animation und Avantgarde*.

20 Eisner: *Die dämonische Leinwand*, S. 11.

21 Kasten: *Der expressionistische Film*, S. 12.

22 Eisner: *Die dämonische Leinwand*, S. 18.

Achmed (D 1926) und *Der scheintote Chinese* (D 1928). Betrachtet man diese Filme vor dem Hintergrund der Forschungsergebnisse zum expressionistischen Film, die durchweg ohne Berücksichtigung des Werks Reinigers gewonnen wurden, zeigt sich frappant, wie viele der zentralen Thesen eine Übertragung auf Reinigers Filme erlauben und sich an diesen eine meist noch größere Gültigkeit erweist. Am augenfälligsten ist das sicher mit Blick auf das „berühmte Helldunkel deutscher Filmkunst“[23], das den expressionistischen Regisseuren als Mittel zur antinaturalistischen Abstraktion diente: „Die Silhouettierung von Menschen, ihre Degradierung auf den Schatten, versinnbildlicht in expressionistischen Inszenierungen die Reduktion menschlicher Existenz“ und soll es erleichtern, „den am Körper ausgedrückten seelischen Extrakt“ zu verdeutlichen.[24] Dabei gelangte Reiniger gewissermaßen über die Möglichkeiten des üblichen Films hinaus. Denn wenn im mit menschlichen Schauspielern operierenden „expressionistischen Film das Licht kein wirkliches Licht ist, sondern eher die inneren Landschaften illuminiert“[25], dann sind die aus reinem Licht und Schatten komponierten Figuren Reinigers in ihren Handlungen gleichsam verabsolutierte Seelenbewegungen. Und tatsächlich stellt sich beim Betrachten ihrer Filme der Eindruck ein, man blicke auf Abstraktionen tief emotionaler Geschehnisse, die hinter der schwarzen Maske der Silhouetten deutlich spürbar vorhanden sind, sich aber einem unmittelbaren Zugriff entziehen. Daher ist für Rudolf Arnheim der Silhouettenfilm Reinigers auch „die ideale Technik“ insbesondere, um die archetypen Psychodramen von Märchen zu verbildlichen, denn die

> Silhouette ist nicht so wirklichkeitsnah wie ein plastisches Ding, und sei es noch so phantastisch erdacht; sie bewahrt dadurch den Zuschauer, besonders den kindlichen, vor dem Entsetzen, das sich einstellt, wenn Märchenhaftes bis über einen gewissen Grad der Anschaulichkeit hinaus greifbare Wirklichkeit wird.[26]

Dieser Wirkung war sich Reiniger bewusst und sie wusste sie sogar gezielt zu steigern durch eine plötzliche Plausibilisierung des Silhouettenhaften in Szenen, bei denen die Figuren in Beleuchtungsverhältnisse gesetzt werden, in denen sie – in einem sonst dunklen Umraum befindlich – von hinten (durch die Sonne, Lampen etc.) angestrahlt

23 Eisner: *Die dämonische Leinwand*, S. 27.

24 Kasten: *Der expressionistische Film*, S. 117, 119.

25 Kracauer: *Von Caligari zu Hitler*, S. 113; vgl. auch ebd., S. 82.

26 Rudolf Arnheim: Lotte Reinigers Schattenfilme. In: *Die Weltbühne* 52, 24.12.1928.

werden: In solchen Szenen entspricht das starke Hell-Dunkel plötzlich Wahrnehmungsverhältnissen, wie sie auch in der Realität gegeben sind. Dadurch wirkt das Dargestellte selbst abrupt realistischer, dem sonst stark Abstrakten kurz enthoben und kann in der Konsequenz einen gesteigerten emotionalen Eindruck erzeugen, etwa in emotional hoch aufgeladenen Szenen, wie jener im *Prinzen Achmed*, als der Titelheld die nackt vor ihm flüchtende Pari Banu im Dickicht verfolgt.
Die expressive Prädominanz des Umrisses, die beim Scherenschnitt vorherrscht, führt zu bzw. korrespondiert mit einem weiteren typisch expressionistischen Stilmerkmal, dem „skulpturalen Körpereinsatz", durch den „der expressionistische Schauspieler von der Form expressiver Gesten besessen wurde".[27] Reiniger „entwickelte eine außerordentliche Treffsicherheit für das charakteristische Moment einer Rolle, geübt an vielen Theaterabenden hinter der Bühne"[28] und verfeinert besonders während ihrer Anfangszeit am Deutschen Theater, als sie die Mimen in ihren charakteristischen Posen schnitt: „Die Winzigkeit des Scherenschnitts und die Beschränkung auf den Umriß förderte bei Lotte Reiniger die Schärfe des Ausdrucks und die Fähigkeit zur Stilisierung."[29] Da sie das Bildmaterial für ihre Scherenschnittfilme fast vollständig alleine herstellen musste, war sie zu äußerster Sparsamkeit in der Bildgestaltung gezwungen, was zudem die extreme Verdichtung ihrer Bildsprache förderte und sie jene „verkürzende und zusammendrängende Formensprache"[30] und solch „[t]ypisierte Figuren"[31] entwickeln ließ, wie sie charakteristisch für die expressionistische Realfilmkunst waren. Mustergültig zeigt sich das etwa schon in den extrem expressiven Posen und Gebärden im *Fliegenden Koffer*, bspw. als General Hu eingeführt wird, als Yen einen Selbstmordversuch unternimmt oder bei der Darstellung der Reaktion der Prinzessin auf diesen. Viele Figuren Reinigers und besonders die grotesken, buckligen, massigen, karikierend gestalteten Charaktere lassen dabei eine Orientierung an realen Schauspielern und vor allem an Werner Krauß oder Emil Jannings erkennen, während die ausdrucksstarken Gebärden, Gesten und Haltungen, die sie

27 David F. Kuhns: *German Expressionist Theatre*. Cambridge: Cambridge UP 1997, S. 10 (Übers. M. C. H.).

28 Schönemann: *Paul Wegener*, S. 25.

29 Ebd.

30 Kasten: *Der expressionistische Film*, S. 25.

31 Bogner: *Einführung in die Literatur des Expressionismus*, S. 134; siehe dazu auch Anz: *Literatur des Expressionismus*, S. 158–161.

diesen Figuren gibt, Vorbilder im Spiel menschlicher Leinwandakteure haben. Es sei nur beispielhaft auf die überlängten, klauenhaften Finger des afrikanischen Zauberers im *Prinzen Achmed* hingewiesen, die an die Hände von Friedrich Wilhelm Murnaus *Nosferatu* (1922) erinnern und demselben dramaturgischen Zweck dienen, das Böse und grauenhaft Bedrohliche auszuweisen. (Abb. 1 & 2)
Demselben Bemühen um eine wortlose Verdichtung von Bedeutungskomplexen durch die symbolische Aufladung von Filminhalten, auf die besonders Siegfried Kracauer an unzähligen Stellen in *Von Caligari zu Hitler* eingeht,[32] dient auch der Einsatz von Bildsymbolen in Reinigers Filmen: Man denke etwa an das brennende Herz des armen Yen und den späteren Messerstich in dieses im *Fliegenden Koffer* oder an die Uhr mit den als Frau und Mann ausgeformten, aufeinander zulaufenden, sich jedoch zuletzt nicht erreichenden Zeigern sowie das zur Rose auskeimende Herz des Prinzen und das Auseinanderbrechen der Stiefmutter in *Aschenputtel*.
Dasselbe gilt für Reinigers Raumgestaltung, die sich meist auf nur wenige Elemente zur Indikation des Handlungsorts beschränkt und damit szenografischen Idealen ihrer Zeit folgt, denn „[k]ennzeichnend für fast alle expressionistischen Bühnenbildner ist eine Tendenz zu abstrakten Gestaltungen, mit deren Hilfe essentielle Merkmale der Dichtung, formelhaft verkürzt und konzentriert, gekennzeichnet werden sollten"[33]. Andere, neoromantisch gestaltete Szenerien bedienen sich wiederum einer Formensprache, wie sie vor allem für Fritz Lang charakteristisch ist,[34] etwa wenn Aschenputtel im gleichnamigen Film gerahmt von Leichensteinen am Grab ihrer Mutter ihr Leid klagt, wobei diese Inszenierung Anklänge an die Predigt Marias in den Katakomben aus dem ein Jahr später erscheinenden *Metropolis* (D 1927) besitzt. (Abb. 3 & 4) Diese Nähe speziell zur Szenenkonzeption Langs zeigt sich auch in der Verwendung symmetrischer Bildkompositionen. Das in diesem Zusammenhang oft und in seiner Einseitigkeit falsch attestierte Ornamentale[35] der Raumgestaltung in den Reiniger-Filmen

32 Kracauer: *Von Caligari zu Hitler*, z. B. S. 36, 71, 74, 99, 102, 131.

33 Kasten: *Der expressionistische Film*, S. 113.

34 Vgl. Kasten: Ebd., S. 32; Eisner: *Die dämonische Leinwand*, S. 245.

35 Vgl. etwa Katherine Rochester: Animating Ornament in „Die Abenteuer des Prinzen Achmed". In: Blattner / Desinger / Knop / Ratzeburg / Bieberstein (Hrsg.): *Animation und Avantgarde*, S. 117–122.

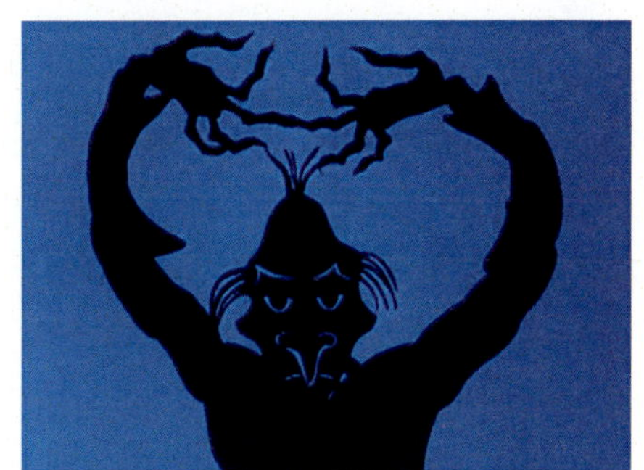

Abb. 1
Screenshot aus
Die Abenteuer des Prinzen Achmed.

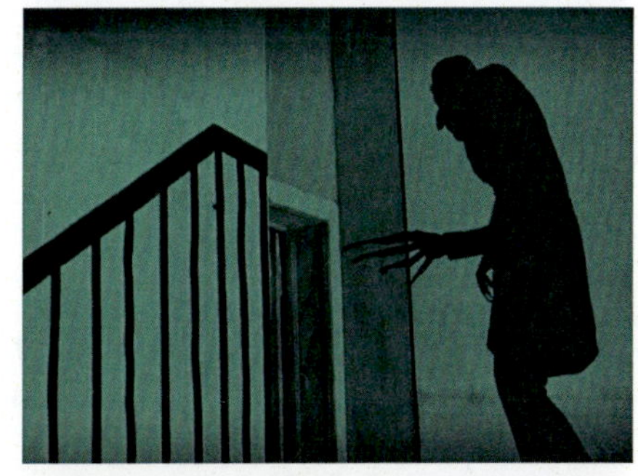

Abb. 2
Screenshot aus
Nosferatu. Eine Symphonie des Grauens.

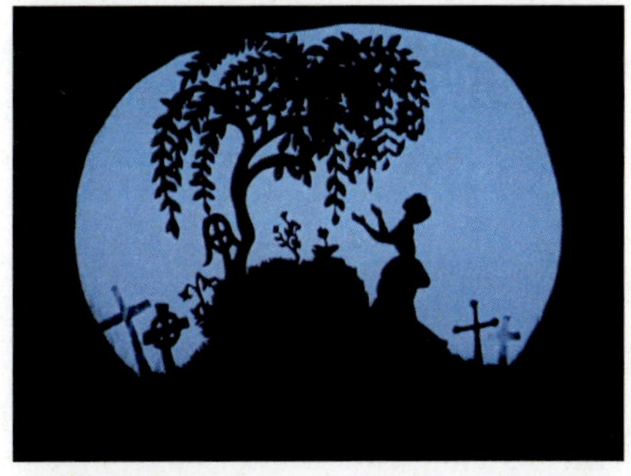

Abb. 3
Screenshot aus *Aschenputtel.*

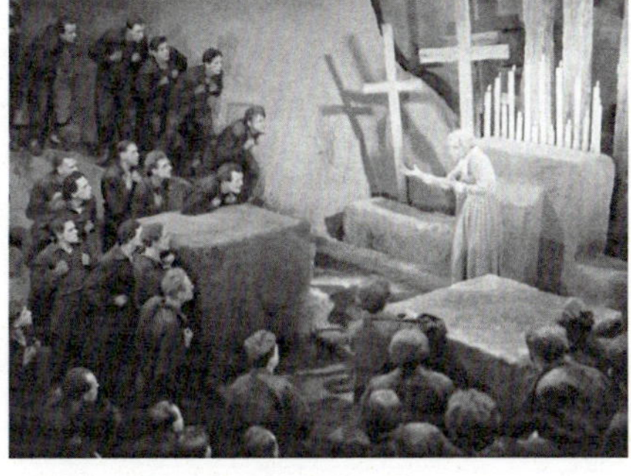

Abb. 4
Screenshot aus *Metropolis.*

ist jedoch nur ein Aspekt, der meist gezielt für die Darstellung hierarchischer Gesellschaftsstrukturen bzw. allgemein für den Bereich der Kultur dient. Ihm gegenüber steht, durch den klaren Kontrast deutlich hervorgehoben, das Chaotische, Asymmetrische, Ungeordnete und wild Wuchernde, das bspw. in *Prinz Achmed* – ganz in der Logik des Expressionismus – als „Zeichen des Vitalen"[36] gerade in Bereichen der Natur, aber auch des Erotischen und sexuell Konnotierten Verwendung findet. Gebrochen wird das Ornamentale zudem immer wieder durch zackig, wellenförmig etc. konturierte Maskierungen, die – wie besonders in *Aschenputtel* – einen gedrückten, verengten Raum erzeugen, den Blick auf das elementare Bildgeschehen konzentrieren und starke affektive Wirkungen erzeugen. Eine ähnliche expressive Funktion kommt besonders im *Fliegenden Koffer* auch den für den Expressionismus allgemein charakteristischen, „mit gebrochener Typographie und Ornamentik ausgestatteten Zwischentiteln"[37] zu. Und auch das sich u. a. an der Wahl der Handlungsorte zeigende Interesse Reinigers für östliche Exotik ist dem Filmexpressionismus nicht fremd, wenn man etwa an die Schauplätze von Robert Wienes *Genuine* (D 1920), die Harun-al-Raschid-Episode in Paul Lenis *Wachsfigurenkabinett* (D 1924) oder die chinesische Episode in Fritz Langs *Der müde Tod* (D 1921) denkt. Hierin erschöpfen sich Reinigers Raumkonzeptionen aber nicht, denn auch bei ihr „erfüllen ornamentale Linien zuweilen handlungs- und raumdynamisierende Gestaltungsaufgaben, wenn sie dramatische Verläufe und Bewegung antizipieren und dem Dekor eine merkwürdig schlingernde Ausformung geben"[38]. Man denke besonders an die berühmte Treppenszene am Ende von *Prinz Achmed*, in der Aladin seiner Geliebten Dinarsade entgegeneilt und die breitgeschwungenen Serpentinen sowohl das Hochgefühl Aladins versinnbildlichen als auch durch ihre bewusste Weitläufigkeit die Spannung des Zuschauers steigern und ihn – in Empathie mit Aladin – das freudige Zusammentreffen antizipieren lassen. Und selbst die berühmte „Deformation der Gegenstandswelt"[39] findet sich ganz zum expressionistischen Zweck, „psychische Komplexe in all ihrer Eindringlichkeit zu gestalten"[40] und

36 Anz: *Literatur des Expressionismus*, S. 56.

37 Kasten: *Der expressionistische Film*, S. 50.

38 Ebd., S. 141.

39 Wolfgang Pehnt: *Die Architektur des Expressionismus*. Stuttgart: Hatje 1998, S. 8.

40 Eisner: *Die dämonische Leinwand*, S. 27.

die inneren Vorgänge der Figur äußerlich sichtbar zu machen, bspw. in Reinigers *Scheintotem Chinesen*, als der Titelheld Ping Pong nach einem ausgiebigen Zechgelage durch die Straßen torkelt und sich um ihn herum plötzlich die Pagoden deformieren, geradezu beleben und ihm hindernd und feindlich den Weiterweg erschweren.
Als Letztes sei erwähnt, dass sich mit dem „Themenbereich von Sexualität und unterdrückten Trieben" bei Reiniger „ein weiterer zentraler Motivkomplex" findet, der dem Expressionismus als Ausdruck der Ablehnung gegenüber den „gleichermaßen rigiden wie verklemmten Moralvorstellungen der bürgerlichen Institution Ehe und, damit verbunden, der Sexualität" diente.[41] Darstellungen ungehemmter Liebesbezeugungen in Umarmungen, Küssen etc. und draller unverhüllter Leiblichkeit begegnen von Anfang an in ihren Filmen. Der von solchen Bildern getragenen vitalistischen Grundeinstellung konnte Reiniger durch ihren abstrakten Scherenschnitt völlig unverklausuliert Ausdruck verleihen, denn dadurch, dass, wenn etwa Pari Banu in *Prinz Achmed* nackt mit ihren Gespielinnen im See badet, die Figuren nur im Schattenriss erscheinen, ließ sich vor der Zensur „Nacktheit und Sexualität freier zelebrieren als es in einem Realfilm möglich gewesen wäre"[42]. Gleichermaßen konnte Reiniger auch drastische Gewalthandlungen, in denen sich die märchenhaft-kindgerechte Darstellung typisch expressionistisch „plötzlich zum Grauen wandel[t]"[43], unmittelbarer zeigen, bspw. wie in der schauerlichen Szene in *Aschenputtel*, als sich die Stiefschwester den Fuß abschneidet, damit dieser in den gläsernen Schuh des Prinzen passt.

41 Kasten: *Der expressionistische Film*, S. 134, 106.

42 Susanne Marschall: Bewegung(en) auf dem Tricktisch. Lotte Reinigers Metamorphosen und Tänze im Kontext der Avantgarde. In: Blattner / Desinger / Knop / Ratzeburg / Bieberstein (Hrsg.): *Animation und Avantgarde*, S. 55–61, hier S. 59; siehe insgesamt dort.

43 Eisner: *Die dämonische Leinwand*, S. 193.

4. Schluss

Dieser kurze Überblick sollte deutlich gemacht haben, dass vor allem die frühen „Reinigerfilme den tiefen Einfluss des deutschen Expressionismus zeigen"[44] und sich dessen filmischer Formensprache virtuos bedienen. Für eine weitere Forschung zum Werk Reinigers wäre die Berücksichtigung auch nichtfilmischer expressionistischer Kunstformen sicher fruchtbar, denn Reiniger arbeitete nicht mit wirklichen Schauspielern. Ihr Material waren Schattenpuppen, die aufgrund ihrer primär zweidimensionalen Verwendung[45] eine deutlich größere Nähe zu Malerei, Grafik und insbesondere auch zum Bilddruck aufweisen. Keiner ihrer Filme lässt dies deutlicher erkennen als *Der fliegende Koffer*, der – überwiegend in reinem Schwarz-Weiß ohne intermediäre Grautöne gehalten – klar an der kantig-konstruktivistischen Ästhetik des expressionistischen Holzschnitts orientiert ist. Vorerst jedoch kann konstatiert werden, dass es engsichtig wäre, die Formensprache Lotte Reinigers auf den Expressionismus zu beschränken; die Einflüsse des Expressionismus auf ihr Werk jedoch zu übersehen, wäre blind.

44 Donald Crafton: *Before Mickey. The Animated Film 1898–1928*. Chicago: University of Chicago Press 1993, S. 245 (Übers. M. C. H.).

45 Reinigers Mann Carl Koch entwickelte (wohl zusammen mit seiner Frau und Bartosch) den wohl ersten multiplanen Tricktisch der Animationsgeschichte, der tiefenräumliche Illusionen ermöglichte; vgl. dazu Matthias Hänselmann: *Der Zeichentrickfilm*. Marburg: Schüren 2016, S. 604–606. Er ändert jedoch nichts an der Planimetrie der Figuren.

Expressionistinnen in der bildenden Kunst

„Die letzte Woche habe ich gelebt wie im Rausche“[1]

Selbstporträts expressionistischer Künstlerinnen

Jens-Henning Ullner

In Zeiten boomender sozialer Netzwerke wie Facebook, Instagram und Snapchat, in denen sogenannte Selfies in Sekundenschnelle über den gesamten Globus verbreitet werden können, hat es manchmal fast den Anschein, als sei in Vergessenheit geraten, welche lange kunsthistorische Tradition hinter dem mit wenigen Handgriffen innerhalb kürzester Zeit angefertigten Bild von sich selbst steht. Doch sogar das Selfie, quasi die demokratisierte Form des Selbstporträts,[2] ist mittlerweile museumsreif geworden. Ausstellungen in Düsseldorf, Frankfurt und Karlsruhe haben sich im vergangenen Jahr des Themas angenommen und damit auch das klassische Selbstporträt, das bereits seit der Renaissance Ausdruck von künstlerischem Selbstbewusstsein und innerer Befindlichkeit ist, wieder stärker in den Fokus des Interesses gerückt.[3] Selbstbildnisse fordern Künstlerinnen und Künstler seit mehr als 500 Jahren dazu heraus, die häufig gefürchtete Konfrontation mit dem ‚Ich‘ zu suchen und der existenziellen Frage *Wer bin ich?* auf den Grund zu gehen. Das Innerste nach außen zu kehren und sich sprichwörtlich ‚den Spiegel vorzuhalten‘, treibt Künstlerinnen und Künstler bis heute dazu an, sich mit der Gattung des Selbstporträts auseinanderzusetzen und immer neue Ausdrucksformen für diese oft schonungslose Art der Beschäftigung mit der eigenen Person zu finden. Wie in beinahe allen künstlerischen Disziplinen blieben Frauen bis Ende des 19. Jahrhunderts jedoch auch auf diesem Gebiet die Ausnahme.

1 Paula Modersohn-Becker an ihre Mutter Mathilde Becker, Paris, 10.05.1906. In: Günter Busch / Liselotte von Reinken (Hrsg.): *Paula Modersohn-Becker in Briefen und Tagebüchern*, rev. u. erw. Ausg. Frankfurt am Main: Fischer 2007, S. 539.

2 Vgl. Frances Borzello: *Wie ich mich sehe. Frauen im Selbstporträt.* Wien: Brandstätter 2016, S. 232.

3 *Ego Update. Die Zukunft der digitalen Identität*, NRW-Forum Düsseldorf, 19.09.2015–17.01.2016; *~~Ich~~*, Schirn Kunsthalle Frankfurt am Main, 10.03.–29.05.2016; *Ich bin hier! Von Rembrandt zum Selfie*, Staatliche Kunsthalle Karlsruhe, 31.10.2015–31.01.2016.

Erst zu Beginn des 20. Jahrhunderts begann sich das Bild spürbar zu wandeln.[4]
Mit der Intention, sich als Künstlerin und Frau zu erforschen, begannen Anfang des 20. Jahrhunderts Malerinnen wie Paula Modersohn-Becker (1876–1907) oder Marianne von Werefkin (1860–1938) in ihren Selbstporträts damit, lang tradierte künstlerische Konventionen abzustreifen und neue Darstellungsweisen auszuloten. Sie „entledigten sich der herkömmlichen Vorstellung von weiblichem Verhalten"[5] und wurden zum Vorbild für einen gänzlich neuen Künstlerinnen-Typus. In der Folge setzten sich Künstlerinnen im ersten Drittel des letzten Jahrhunderts bald schon nicht mehr nur auf dem Gebiet der Malerei mit der eigenen Person auseinander. Bildhauerinnen wie Käthe Kollwitz (1867–1945) und Renée Sintenis (1888–1965) schufen in den 1920er Jahren ausdrucksstarke, plastische Selbstbildnisse in Bronze[6] und Künstlerinnen wie Claude Cahun (1894–1954) oder Germaine Krull (1897–1985) entdeckten zum Zwecke des Selbstporträts das Medium der Fotografie für sich.[7]
Waren Selbstbildnisse von Künstlerinnen bis zum Ende des 19. Jahrhunderts stilistisch und kompositorisch in der Regel an altmeisterlichen Vorbildern orientiert, auf denen die Malerinnen sich oft sittsam gekleidet mit Palette und Pinseln bei der Arbeit an ihrer Staffelei dargestellt haben, so entwickelten sich zu Beginn des 20. Jahrhunderts völlig neue Typen von Selbstporträts, die mehr und mehr „Ausdruck der künstlerischen Positionierung und der nach außen vermittelten Selbstsicht"[8]

4 Zur gesellschaftlichen Stellung und zur Arbeitssituation von Künstlerinnen im ausgehenden 19. und beginnenden 20. Jahrhundert sei exemplarisch auf Renate Berger verwiesen, die immer noch als grundlegend für die moderne Künstlerinnenforschung herangezogen werden kann. Vgl. Renate Berger: *Malerinnen auf dem Weg ins 20. Jahrhundert. Kunstgeschichte als Sozialgeschichte*, Köln: Dumont 1982.

5 Borzello: *Wie ich mich sehe*, S. 141.

6 Käthe Kollwitz fertigte zwischen 1926 und 1937 ein Selbstbildnis ihres Kopfes in Bronze an, dessen Produktionsprozess sie in ihren Tagebüchern immer wieder kommentierte, vgl. Martin Fritsch / Josephine Gabler (Hrsg.): *Käthe Kollwitz – Bildhauerin aus Leidenschaft. Das plastische Werk*. Ausstellungskatalog Käthe Kollwitz-Museum, Berlin. Leipzig: Seemann 2011, S. 56–57. Auch Renée Sintenis fertigte zwischen 1915 und 1945 sechs lebensgroße Selbstbildnisse ihres Kopfes in Bronze, vgl. Hanna Kiel: *Renée Sintenis*. Berlin: Rembrandt 1956, S. 2, 4, 23, 31, 48, 49.

7 Vgl. Borzello: *Wie ich mich sehe*, S. 151.

8 Jutta Götzmann / Anna Havemann (Hrsg.): *Künstlerinnen der Moderne. Magdalena Langenstraß-Uhlig und ihre Zeit*. Ausstellungskatalog Potsdam Museum – Forum für Kunst und Geschichte. Berlin: Lukas 2015, S. 124.

der Künstlerinnen wurden. Mit Selbstakten, Selbstporträts, in denen persönliche Leidenschaften aufgegriffen wurden, Selbstbildnissen, „die von Schwierigkeiten und Möglichkeiten beim Eintritt in die Männerwelt erzählen“[9], sowie eindringlichen Psychogrammen begann eine neue Generation von Künstlerinnen, dieses lange Zeit männlich dominierte Terrain zu erobern. Das weibliche Selbstporträt wurde so im Expressionismus zum Sinnbild für das Bestreben, „die Tiefen der Seele hinter dem rein äußerlichen Erscheinungsbild auszuloten.“[10]

Zu den bekanntesten Künstlerinnen-Selbstporträts des Expressionismus[11] gehört Marianne von Werefkins Selbstbildnis aus dem Jahr 1910. (Abb. 1) Stark und selbstbewusst präsentiert sich die russische Malerin, die 1909 neben Wassily Kandinsky, Gabriele Münter und Alexej von Jawlensky zu den Gründungsmitgliedern der Neuen Künstlervereinigung München gehörte und ab 1911 gemeinsam mit dem Blauen Reiter ausstellte, auf jenem Bild dem Betrachter. Erst vier Jahre vor der Entstehung des Gemäldes hatte Werefkin nach einer selbst auferlegten, zehnjährigen Abstinenz von der Malerei, während der sie sich ganz der Förderung ihres Lebensgefährten Jawlensky gewidmet hatte, wieder zu malen begonnen.[12] Befreit von jeglichen schmückenden, künstlerischen Attributen und der akademischen Herangehensweise ihres einstigen Lehrers Ilja Repin, lebt das Selbstbildnis der Werefkin einzig „von der Klarheit und Konsequenz des Einsatzes rein expressionistischer Mittel – nämlich der Farben.“[13] Die Verwendung von Komplementärfarben und die dynamisch wirkende, rhythmische Pinselführung des Gemäldes, lassen Werefkin hier stilistisch gar in die Nähe der *Fauves* rücken. Als wollte sie mit aller Macht ihre eigene künstlerische und persönliche Stärke demonstrieren, stellt Werefkin sich als lebenserfahrene, aufrechte Frau mit wachem Geist dar und scheut dabei auch nicht davor zurück, die Spuren des Lebens in ihrem Gesicht offen zur Schau zu tragen. Besondere Bedeutung kommt ihren

9 Borzello: *Wie ich mich sehe*, S. 142.

10 Shulamith Behr: Die Arbeit am eigenen Bild: Das Selbstporträt bei Gabriele Münter. In: Annegret Hoberg / Helmut Friedel (Hrsg.): *Gabriele Münter, 1877–1962. Retrospektive.* Ausstellungskatalog Städtische Galerie im Lenbachhaus, München / Schirn Kunsthalle, Frankfurt am Main. München: Prestel 1992, S. 85–89, hier S. 85.

11 Vgl. Bernd Fäthke: *Marianne Werefkin – Leben und Werk 1860–1938*. München: Prestel 1988, S. 117.

12 Vgl. ebd., S. 40.

13 Vgl. ebd., S. 117.

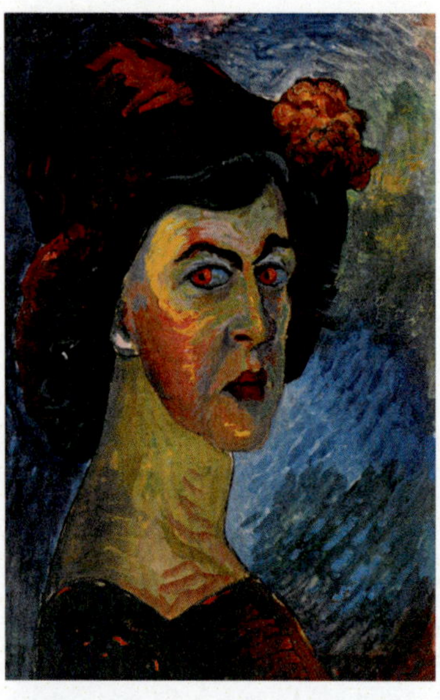

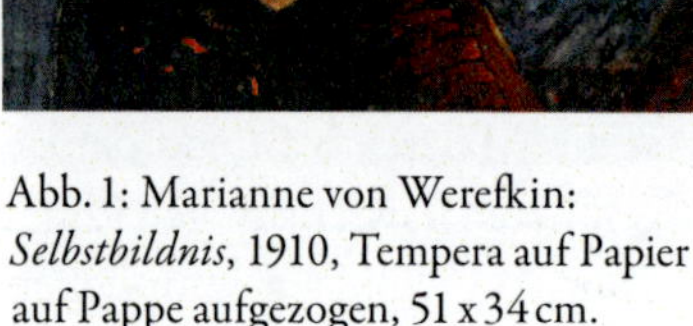

Abb. 1: Marianne von Werefkin: *Selbstbildnis*, 1910, Tempera auf Papier auf Pappe aufgezogen, 51 x 34 cm.

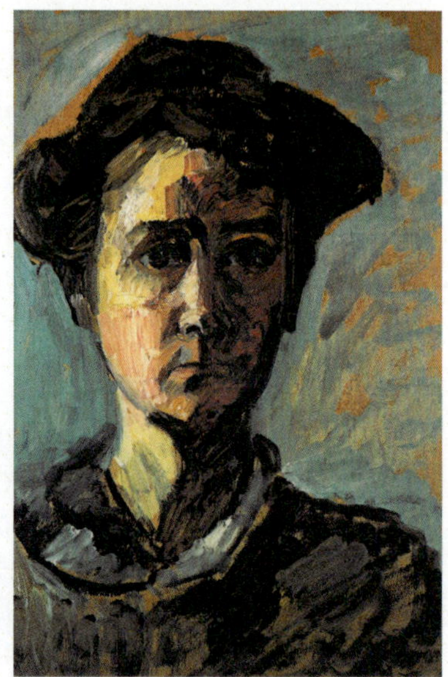

Abb. 2: Gabriele Münter: *Selbstbildnis*, um 1909/10, Öl auf Pappe, 49 x 33,7 cm.

magisch roten Augen zu, mit denen sie ihr Gegenüber beharrlich fixiert und die das Zentrum des Bildes markieren. Sie lenkt die Aufmerksamkeit damit auf einen Körperteil, „der am wenigsten Körper, am meisten Geist ist"[14], und verleiht ihrem Selbstbildnis auf diese Weise eine gleichsam mystische Aura. Dass Werefkin den Augen eines Künstlers ganz besondere Bedeutung zumaß, hatte sie bereits einige Jahre vor Entstehung des Bildes formuliert:

> Die Welt des Künstlers ist in seinem Auge, dieses wiederum schafft ihm seine Seele. Dieses Auge zu erziehen, um dadurch eine feine Seele zu erlangen, ist die höchste Pflicht des Künstlers. Nur von dem Augenblick an, wo der Mensch sich befähigt fühlt, jeden Eindruck in sich umzuwerten, jedes Erlebnis in seiner Seele neu zu gestalten, nur von diesem Augenblick an kann er als Individuum gelten. Hat er die Fähigkeiten, diesem Neuempfinden eine Form zu geben, so ist er Künstler.[15]

14 Vgl. Fäthke: *Marianne Werefkin*, S. 117.

15 Zit. n. ebd. Im Original aus: Marianne Werefkin: *Theorien*, 1905. Handschriftliches Manuskript. Privatarchiv für expressionistische Malerei, Wiesbaden.

Weniger selbstbewusst als Werefkin, sondern eher nachdenklich, zweifelnd und in sich gekehrt präsentierte sich zur selben Zeit ihre Künstlerkollegin Gabriele Münter (1877–1962), die sich zwischen 1908 und 1912 gleich mehrfach selbst porträtierte.[16] War das Selbstporträt doch auch für Münter die beste „Möglichkeit, sich selbst immer wieder neu in Bezug auf ihre Identität und Personalität zu befragen und allfällige Veränderungen zu registrieren.“[17] Fast alle in der Vorkriegszeit entstandenen Selbstbildnisse Münters zeigen die Malerin als scheue, suchende, ja manchmal fast ängstlich wirkende Frau, die bisweilen gar den Eindruck erweckt, Requisiten wie ihre Staffelei oder ausladende Hüte als Schutzschild zwischen sich und den Betrachten bringen zu wollen.[18] Ein besonders eindringliches Zeugnis ihrer Auseinandersetzung mit der eigenen Person ist ein um 1909/10 entstandenes Selbstbildnis, das Münter in einem schmucklosen schwarz-grauen Arbeitskittel und mit nachlässig zusammengesteckten Haaren zeigt. (Abb. 2) Die schnellen, breiten Pinselstriche, die an vielen Stellen noch die hellbraune Malpappe durchscheinen lassen, vermitteln Unruhe und Labilität. Nur das Gesicht, aus dem das Mädchenhafte früherer Selbstbildnisse Münters völlig verschwunden ist, ist vollständig ausgeführt. Durch den tiefen Schatten, in den sie die rechte Hälfte ihres Gesichts taucht, erreicht Münter auf diesem Selbstporträt „ein Maß an expressionistischer Ausdrucksstärke, das in ihren Werken aus der Zeit vor dem Krieg ohne Beispiel ist.“[19] Die Suche nach der ‚richtigen Form‘, die Münter zeitlebens quälte, das komplizierte Verhältnis zu ihrem langjährigen Lebenspartner Wassily Kandinsky sowie Unsicherheit in Bezug auf die eigene Schönheit drückten sich immer wieder in künstlerischen und persönlichen Selbstzweifeln aus,[20] die auch in diesem Selbstbildnis transportiert werden. Selbst in späteren Selbstporträts aus den 1920er und 30er Jahren bleiben diese Zweifel sichtbar. Noch im Dezember 1952 schrieb Münter an die befreundete Malerin Emmy Klinker:

16 Vgl. Behr: Die Arbeit am eigenen Bild, S. 86.

17 Gerhard Dazner: *Europa, deine Frauen. Beiträge zu einer weiblichen Kulturgeschichte*. Berlin: Springer 2015, S. 131.

18 Exemplarisch sei hier auf zwei als *Selbstporträt mit Hut* betitelte Werke aus dem Jahr 1909 sowie das Gemälde *An der Staffelei (Selbstbildnis)* von 1910 verwiesen.

19 Vgl. Behr: Die Arbeit am eigenen Bild, S. 87.

20 Vgl. Sabine Windecker: *Gabriele Münter. Eine Künstlerin aus dem Kreis des „Blauen Reiter“*. Berlin: Reimer 1991, S. 208–209.

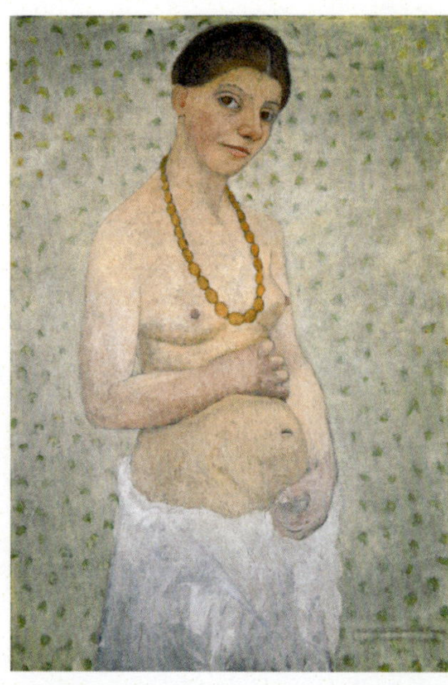

Abb. 3
Paula Modersohn-Becker:
Selbstbildnis am 6. Hochzeitstag,
25. Mai 1906, Öl auf Pappe,
101,8 x 70,2 cm.

„Ich habe an vielen Selbstbildnissen zur Genüge erfahren, daß ich ein scheußliches Modell bin. [...] Porträt ist immer ein Mysterium!"[21]
Ein ähnlich suchender, selbsterforschender Ansatz findet sich auch auf vielen Selbstbildnissen von Paula Modersohn-Becker (1876–1907), einer sprichwörtlichen Wegbereiterin des Expressionismus, die in ihrem kurzen Leben mehr als fünfzig Selbstdarstellungen – Gemälde wie Zeichnungen – geschaffen hat, in denen sich Elemente des Expressionismus und des Kubismus mit Rückgriffen auf längst vergangene Epochen vermischen.[22] Aus dieser Fülle von Werken sticht besonders das 1906 entstandene *Selbstbildnis am 6. Hochzeitstag* (Abb. 3) heraus, auf dem Paula Modersohn-Becker sich als schwangere Frau dargestellt hat,

21 Gabriele Münter an Emmy Klinker, 30.12.1952, zit. n. Gisela Kleine: *Gabriele Münter und Wassily Kandinsky. Biographie eines Paares.* Frankfurt am Main / Leipzig: Insel 1994, S. 337.

22 Vgl. Ingrid von der Dollen: *Malerinnen im 20. Jahrhundert. Bildkunst der „verschollenen Generation".* München: Hirmer 2000, S. 186. Vgl. dazu auch Rainer Stamm: Paula Modersohn-Becker. Leben und Werk im Spiegel ihrer Selbstporträts. In: Ders. / Hans-Peter Wipplinger (Hrsg.): *Paula Modersohn-Becker. Pionierin der Moderne.* Ausstellungskatalog Paula Modersohn-Becker Museum, Bremen. München: Hirmer 2010, S. 9–24.

allerdings ohne tatsächlich ein Kind erwartet zu haben.[23] Sie hat sich also nicht so dargestellt, wie sie sich wirklich im Spiegel gesehen hat, sondern so, wie sie sich gerne gesehen hätte. Sie ist lediglich mit einem weißen Lendentuch bekleidet und hält mit beiden Händen ihren deutlich nach vorne gewölbten Bauch. Ihr Oberkörper ist völlig nackt, nur um den Hals trägt sie eine Bernsteinkette, die bis zu ihrem entblößten Busen reicht. Das Bild war nicht nur ein stummer Apell an ihren Ehemann Otto Modersohn, mit dem sie zum Zeitpunkt der Entstehung bereits seit fünf Jahren verheiratet war, ohne dass die Ehe je vollzogen worden wäre,[24] es war zugleich auch der „weltweit erste Selbstakt einer Frau“[25] und damit nicht weniger als eine kunsthistorische Revolution. Entstanden ist das in Öl auf Pappe ausgeführte Selbstporträt nicht in der Künstlerkolonie Worpswede, wo Modersohn-Becker gemeinsam mit ihrem Mann lebte, sondern in Paris, wo sie die Möglichkeit hatte, sich mit den neuesten Avantgarde-Strömungen auseinanderzusetzen, und das für sie seit dem ersten Besuch im Frühjahr 1900 „zu einem integralen Bestandteil ihrer künstlerischen Entwicklung geworden ist.“[26] Als Paula Modersohn-Becker 1906 bereits zum vierten Mal in die französische Hauptstadt reiste, trat sie die Reise mit dem Ziel an, nicht mehr nach Deutschland zurückzukehren, sondern sich dauerhaft in Paris niederzulassen, um sich dort ganz ihrer Kunst zu widmen.[27] Enttäuscht von ihrem Ehemann und gelangweilt vom Leben im dörflichen Worpswede, hatte sie ein Atelier am Montparnasse gemietet, wo in jenem Jahr neben dem *Selbstbildnis am 6. Hochzeitstag* noch zahlreiche weitere Selbstporträts, darunter zwei Selbstbildnisse als stehender Akt

23 Vgl. Verena Borgmann / Frank Laukötter (Hrsg.): *Sie. Selbst. Nackt. Paula Modersohn-Becker und andere Künstlerinnen im Selbstakt.* Ausstellungskatalog Paula Modersohn-Becker Museum, Bremen. Ostfildern: Hatje Cantz 2013, S. 36.

24 Vgl. Hans-Peter Wipplinger: Paula Modersohn-Becker. Zur Geschichte einer künstlerischen und persönlichen Identitätssuche. In: Stamm / Wipplinger (Hrsg.): *Paula Modersohn-Becker.* S. 27–39, hier S. 38. Paula Becker und Otto Modersohn hatten am 25. Mai 1901 geheiratet, daher ist das Gemälde eigentlich bereits am fünften und nicht wie von Paula Modersohn-Becker betitelt, am sechsten Hochzeitstag des Paares entstanden. Vgl. dazu Borgmann / Laukötter (Hrsg.): *Sie. Selbst. Nackt.*, S. 36.

25 Vgl. ebd.; Verena Borgmann: Sie. Selbst. Nackt. Eine Einführung in die Ausstellungsthematik. In: Borgmann / Laukötter (Hrsg.): *Sie. Selbst. Nackt*, S. 8–15, hier S. 8.

26 Vgl. Stamm: Paula Modersohn-Becker. Leben und Werk im Spiegel ihrer Selbstporträts, S. 19.

27 Vgl. ebd.

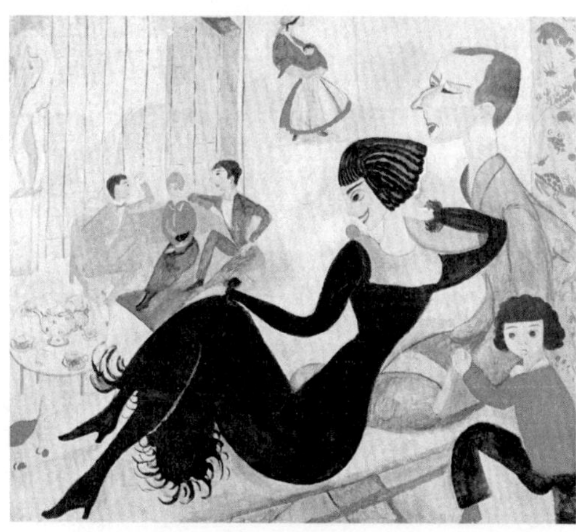

Abb. 4
Sigrid Hjertén:
Ateljéinteriör, 1917,
Öl auf Leinwand,
176 x 203 cm.

und ein *Selbstbildnis als Halbakt mit Bernsteinkette* entstanden.[28] „Ich fange jetzt ein neues Leben an. Stört mich nicht, laßt mich gewähren", schrieb Paula Modersohn-Becker kurz vor Vollendung des *Selbstbildnis am 6. Hochzeitstag* begeistert an ihre Mutter und fügte hinzu: „Die letzte Woche habe ich gelebt wie im Rausche. Ich glaube, ich habe etwas vollbracht, was gut ist."[29] Dass sie mit jenem Selbstbildnis eine regelrechte „Inkunabel der Emanzipation geschaffen hat"[30], konnte Paula Modersohn-Becker zum damaligen Zeitpunkt kaum ahnen. Doch schon bald folgten ihrem Vorbild Künstlerinnen wie Suzanne Valadon (1865–1938), Frida Kahlo (1907–1954) oder Dorothea Tanning (1910–2012), die wie sie „ihren Körper vor dem Spiegel befragten" und dabei noch eine wesentlich radikalere Selbstsicht an den Tag legten.[31]

Auch abseits großer Namen der kunstwissenschaftlichen Forschung finden sich Selbstbildnisse in nahezu jedem Œuvre expressionistischer Künstlerinnen. Etwa, um abschließend noch ein weiteres Beispiel anzuführen, im Werk von Sigrid Hjertén (1885–1948), die als Wegbereiterin des schwedischen Expressionismus gilt. Heute kaum noch bekannt, war die in Sundsvall geborene Malerin, die nach dem Besuch

28 Vgl. Borgmann / Laukötter (Hrsg.): *Sie. Selbst. Nackt.* S. 36.

29 Paula Modersohn-Becker an ihre Mutter Mathilde Becker, Paris, 10.05.1906.

30 Stamm: Paula Modersohn-Becker. Leben und Werk im Spiegel ihrer Selbstporträts, S. 23.

31 Vgl. ebd.

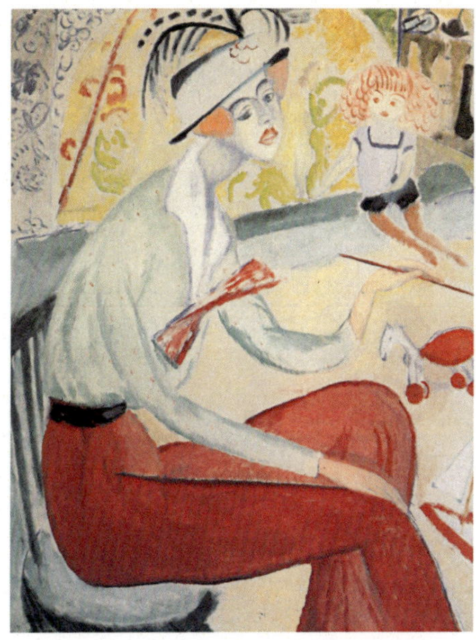

Abb. 5
Sigrid Hjertén:
Selbstporträt, 1914,
Öl auf Leinwand, 115 x 89 cm.

der Stockholmer Kunsthochschule zwischen 1909 und 1911 bei Henri Matisse studiert hatte, zu Lebzeiten eine schillernde Figur der schwedischen Avantgarde.[32] In ihren Selbstbildnissen setzte Hjertén sich nicht nur mit dem eigenen Künstlerinnentum auseinander, sondern ebenso mit ihrer Rolle als Mutter und Ehefrau. So auch auf einer *Ateljéinteriör* betitelten Ateliersszene aus dem Jahr 1917 (Abb. 4), die zu den bekanntesten Werken der Malerin gehört und in jüngster Zeit vielfach als Selbstbildnis Hjerténs gedeutet wurde.[33] Gleich zweimal, so scheint es, hat sie sich auf jenem Bild selbst dargestellt – einmal umringt von zwei männlichen Figuren auf dem Sofa vor dem Fenster des Ateliers sitzend, ein zweites Mal als extrovertierte Zuschauerin der Szene in Begleitung eines weiteren Mannes und eines Kindes.[34] Der lockige Junge ist

32 Vgl. Katarina Borgh Bertorp: Sigrid Hjertén. Pionierin und Meisterin der Farbe. In: Ingrid Pfeiffer / Max Hollein (Hrsg.): *STURM-Frauen: Künstlerinnen der Avantgarde in Berlin 1910–1932*, Ausstellungskatalog Schirn Kunsthalle Frankfurt am Main. Köln: Wienand 2015, S. 162–165, hier S. 162.

33 Vgl. Katarina Borgh Bertorp (Hrsg.): *Sigrid Hjertén – Wegbereiterin des schwedischen Expressionismus.* Ausstellungskatalog Städtische Galerie im Lenbachhaus, München. Stockholm: Raster 1999, S. 108.

34 Vgl. Katharina Cichosch: Sigrid Hjertén: Radikal Modern. http://www.schirn.de/magazin/kontext/sigrid_hjerten_radikal_modern/ (Zugriff am 23.04.2016).

Hjerténs Sohn Ivàn, den sie bereits drei Jahre zuvor auf einem früheren Selbstporträt mit abgebildet hat. (Abb. 5) Auch die Frauenfigur auf dem Sofa lässt sich anhand des älteren Bildes als Sigrid Hjertén selbst identifizieren. Bei den Männern auf dem Sofa handelt es sich wohl um ihren Ehemann Isaac Grünewald und den befreundeten Künstler Einar Jolin. Der Mann, auf den die Zuschauerin Hjertén kokett ihren Ellenbogen abstützt, ist der Maler Nils von Dardel.[35] Sigrid Hjertén hat hier ihre eigene Lebenssituation bunt und dynamisch in Szene gesetzt und präsentiert sich auf ein und demselben Bild selbstironisch als Malerin, Freundin, Mutter und Ehefrau. Als Beobachterin des Geschehens strotzt sie vor Selbstbewusstsein, als Künstlerin hingegen sitzt sie etwas verloren zwischen den Männern auf dem Sofa. Zusätzlich betritt auch noch ihr Sohn Ivàn die Szenerie, dessen Holzpferd sich sowohl neben dem Teetisch im Atelier als auch auf dem Selbstporträt von 1914 wiederfindet. Auch ihrer Verantwortung als Mutter war sich Hjertén also stets bewusst. Gerade diese explizite Darstellung des Balanceaktes zwischen künstlerischer Identitätssuche auf der einen Seite und dem Anspruch, auch der Rolle als Ehefrau und Mutter gerecht zu werden, auf der anderen macht *Ateljéinteriör* zu einem ausgesprochenen Sonderfall unter den Künstlerinnen-Selbstporträts des Expressionismus. Gab es doch verhältnismäßig wenige Frauen, die den ‚Beruf' Künstlerin ernsthaft verfolgten und sich zugleich in ein zutiefst bürgerliches Rollenbild fügen mussten bzw. wollten.

Alle hier vorgestellten Künstlerinnen, die dem „Bild des Weiblichen" in der Kunst zu Beginn des 20. Jahrhunderts nicht nur mit ihren Selbstbildnissen zu einer gänzlich neuen Perspektive verholfen haben, stehen exemplarisch für den Aufbruch „in das Jahrhundert der Avantgarden".[36] Dieser neuen Künstlerinnengeneration ist es innerhalb weniger Jahrzehnte gelungen, sich selbstbewusst einen Platz zwischen ihren männlichen Kollegen zu erkämpfen und dabei einen gänzlich eigenen Beitrag für die moderne Kunstgeschichte zu leisten. Auch nach dem Ersten Weltkrieg blieb das Selbstporträt als Symbol eines neu erstarkten weiblichen Selbstverständnisses fester Bestandteil im Œuvre vieler Künstlerinnen. In der Zeit der Weimarer Republik taten sich hier vor allem

35 Vgl. Borgh Bertorp (Hrsg.): *Sigrid Hjertén,* S. 108.

36 Vgl. Stamm: Paula Modersohn-Becker. Leben und Werk im Spiegel ihrer Selbstporträts, S. 9.

Malerinnen wie Lotte Laserstein (1898–1993), Anita Rée (1885–1933), Elfriede Lohse-Wächtler (1899–1940) oder Magdalena Langenstraß-Uhlig (1888–1965) hervor, um nur einige wenige zu nennen. Auffällig ist, dass viele Künstlerinnen sich auch in dieser Zeit weiterhin vornehmlich in der zweiten Hälfte ihres Lebens dem Selbstporträt gewidmet haben und es damit zu einem Medium werden ließen, in dem vielfach Wendepunkte und Brüche innerhalb der eigenen Biographie thematisiert wurden. Das Selbstporträt war dadurch weiterhin oft nicht einfach nur „eine Arbeit unter anderen“, wie Carl Georg Heise, langjähriger Direktor der Hamburger Kunsthalle, 1947 anlässlich der Beschäftigung mit einem späten Selbstbildnis von Renée Sintenis feststellte, sondern „die Summe alles bisher geleisteten.“[37] Auch die hier vorgestellten Werke von Marianne von Werefkin, Gabriele Münter und Paula Modersohn-Becker sind als Resümee eines Lebensabschnitts bzw. einer Lebensphase zu bewerten, wohingegen Sigrid Hjerténs Doppelselbstporträt auf dem Gemälde *Ateljéinteriör* eher als ironische Auseinandersetzung mit zeitgenössischen Rollenbildern verstanden werden kann. Gemein ist allen jedoch die deutliche Diskrepanz zum eingangs erwähnten Selfie, das zwar aktuell den Endpunkt innerhalb der chronologischen Entwicklung der Bildgattung des Selbstporträts markiert, aber allein schon aus medialen Gründen selten mehr als nur eine flüchtige Momentaufnahme ist.

37 Carl Georg Heise: Zum Selbstbildnis von 1944. In: Paul Appel (Hrsg.): *Renée Sintenis*. Berlin: Aufbau 1947, S. 17–22, hier S. 19.

Südafrikanische Expressionistinnen in Berlin

Irma Stern (1894–1966) und Maggie Laubser (1886–1973)

Lisa Hörstmann

Die Expressionistin Irma Stern gilt als wichtigste Vertreterin und meist sogar als Begründerin der südafrikanischen Moderne. Als Tochter deutsch-jüdischer Eltern, die Anfang der 1890er Jahre nach Schweizer-Reneke im damaligen Transvaal emigrierten, wuchs sie zwischen Südafrika und Deutschland auf. Obwohl sie während des Ersten Weltkriegs an Kunstschulen in Weimar und Berlin studierte und bis zur Machtergreifung durchaus bekannt und erfolgreich in Deutschland war, ist sie nach dem Zweiten Weltkrieg völlig in Vergessenheit geraten. Es bestand die Hoffnung, dass sich dies ändert, als die Kunstwissenschaftlerin Irene Below im Rahmen eines Lehrforschungsprojekts in den 1980er Jahren zwei Bilder Sterns in der Sammlung der Kunsthalle Bielefeld entdeckte. Joachim Wolfgang von Moltke, Gründungsdirektor der Kunsthalle und von 1951 bis 1962 Vizedirektor der Nationalgalerie in Kapstadt, hatte die Bilder 1965 für die Bielefelder Sammlung – u. a. als Symbole des Einflussgebiets des deutschen Expressionismus – von der Künstlerin erworben.[1] Weiterführende Recherchen Belows mündeten schließlich in einer großen Ausstellung in der Kunsthalle 1996, die die Rezeption Irma Sterns in Deutschland jedoch nicht langfristig beeinflussen konnte. Ich stimme Below zu, dass dies der doppelten Marginalisierung von ‚nicht-westlicher' Kunst und Kunst von Frauen geschuldet ist.[2] Dabei sind sowohl Sterns Arbeiten von großer Relevanz, da sie vielen südafrikanischen Modernist*innen als Vorbild galten, als auch die geschickte Positionierung der Künstlerin zwischen Afrika und Europa. Mein Essay zeigt, wie Stern sich unter Zuhilfenahme des in

1 Vgl. Irene Below: Afrika und Europa. Zwischen Peripherie und Zentrum: Irma Stern im Kontext. In: Dies. / Jutta Hülseweg-Johnen (Hrsg.): *Irma Stern und der Expressionismus. Afrika und Europa. Bilder und Zeichnungen bis 1945.* Bielefeld: Kunsthalle 1996, S. 105–131.

2 Vgl. Irene Below: ‚...wird es mir eine Freude sein, Ihnen Ihren eigenen Weg zu zeigen'. Irma Stern und Max Pechstein. In: Renate Berger (Hrsg.): *Liebe macht Kunst. Künstlerpaare im 20. Jahrhundert.* Köln: Böhlau 2000, S. 37–64.

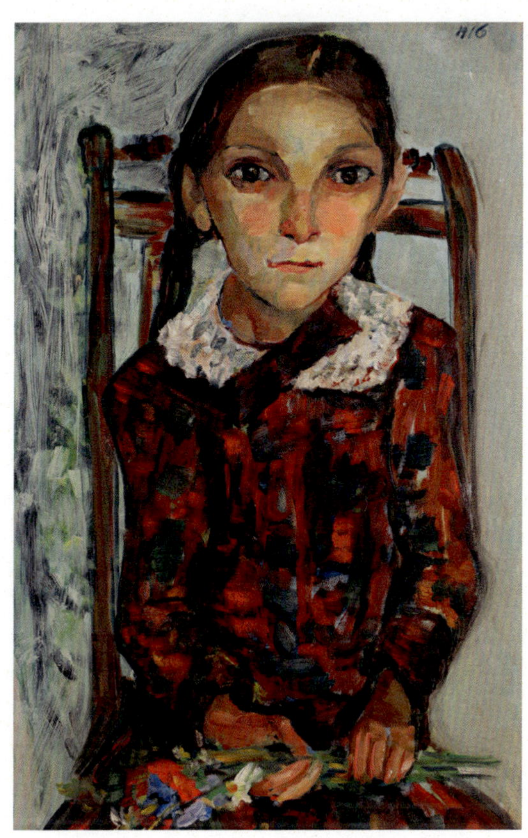

Abb. 1
Irma Stern:
Ewiges Kind,
1916, Öl auf Holz,
73,7 x 43,2 cm.

der Weimarer Republik aufkommenden Bildes der ‚Neuen Frau' durchsetzen konnte, indem sie in Europa ihre Authentizität als afrikanische Künstlerin gegenüber den (männlichen) europäischen Expressionisten geltend machte und sich in Südafrika zur Pionierin einer Bewegung aufschwang, die nicht von Männern dominiert wurde.

Die Familie Stern zog zwischen 1894 und 1910 mehrmals zwischen Südafrika und Deutschland hin und her. Ab 1913 besuchte die 18-jährige Irma zunächst die Großherzoglich-Sächsische Kunstschule in Weimar und studierte ab Ende 1914 bei Martin Brandenburg am Lewin-Funcke-Studio in Berlin. Berüchtigterweise kam es 1916 zum Bruch mit Brandenburg über ihr expressionistisch geprägtes Portrait eines von den Entbehrungen des Kriegs gezeichneten Mädchens. Dieses *Ewige Kind* (Abb. 1) erregte dafür 1917 das Interesse des ebenfalls in Berlin lebenden Malers Max Pechstein.[3] Über ihre ähnliche Bildsprache und gemeinsame Begeisterung für ‚primitive' Kulturen entwickelte sich eine, für Irma Stern sicherlich wegbereitende, Freundschaft zwischen den beiden Künstlern.[4] So wurde Stern 1918 auf Einladung Pechsteins Gründungsmitglied der Novembergruppe. 1919 hatte sie ihre erste Einzelausstellung in der Berliner Galerie Fritz Gurlitt, die auch Pechstein und andere wichtige Expressionist*innen vertrat. Mit diesem Erfolg im Rücken zog Irma Stern Ende 1920 nach Kapstadt, wo sie trotz zahlreicher Reisen und Auslandsaufenthalte bis zu ihrem Tod ihren Lebensmittelpunkt behielt. In der dortigen Ashbey's Gallery, die noch zahlreichen folgenden Modernist*innen als wichtiger Ausstellungsort dienen sollte, zeigte sie ihre erste Einzelausstellung in Südafrika. Selbstbewusst nannte sie diese *An Exhibition of Modern Art by Miss Irma Stern*: Dies war das erste Mal, dass der Begriff ‚modern' für südafrikanische Kunst verwendet wurde.[5] Entsprechend groß waren die Aufregung und das Entsetzen über die in der Ausstellung gezeigten Bilder – aber auch der Besucherandrang. Sterns expressionistische Portraits schwarzer Südafrikaner*innen fanden zunächst nur bei einem ausgewählten Kreis meist jüdischer Intellektueller Anerkennung. Diese setzten sich stark für die Künstlerin ein und zitierten immer wieder deren europäischen Erfolg in der Presse.[6] Stern stellte weiterhin kontinuierlich in Europa aus – 1923, 1924 und 1927 z. B. in Berlin, 1929 in London, Wien und Paris – und 1927 veröffentlichte der deutsche Kunsthistoriker Max Osborn eine Monographie über sie in der Reihe *Junge Kunst*, die ebenfalls Ausgaben zu Pablo Picasso oder Pechstein umfasste.[7] Die Tatsache, dass diese Monografie eine englische Übersetzung der deutschen Texte enthielt (der Picasso-Band bestand beispielsweise nur aus deutschen Texten), zeigt, dass hier bereits auch

3 Irma Stern: How I Began to Paint. In: *Cape Argus*, 12.07.1926.

4 Zum Briefwechsel zwischen den beiden Künstlern vgl. Below: ‚…wird es mir eine Freude sein, Ihnen Ihren eigenen Weg zu zeigen'.

5 Marion Arnold: *Women and Art in South Africa*. Kapstadt / Johannesburg: Fernwood 1996, S. 80.

6 Als frühe Beispiele lassen sich Roza van Gelderen, Hilda Purwitsky oder Richard Feldman nennen.

7 Max Osborn: *Irma Stern. Junge Kunst 51*. Leipzig: Klinkhardt & Biermann 1927; Georg Biermann: *Max Pechstein. Junge Kunst 1*. Leipzig: Klinkhardt & Biermann 1919; Oskar Schürer: *Pablo Picasso. Junge Kunst 49/50*. Berlin: Klinkhardt & Biermann 1927.

an ein südafrikanisches Publikum gedacht wurde. In Südafrika reichte Sterns Legitimisierung über ihren europäischen Erfolg sogar soweit, dass die Presse wörtliche Übersetzungen deutscher Rezensionen abdruckte.[8]

Jener Erfolg, insbesondere innerhalb der Berliner Expressionist*innenkreise, rührte vor allem daher, dass sie sich geschickt als ‚authentisch' afrikanische Künstlerin und ‚Kennerin des Primitiven' positionierte. Mit ihren Darstellungen zumeist schwarzer Frauen machte sie ihren Vorteil gegenüber anderen Primitivist*innen, die ihre Subjekte nur von vereinzelten Reisen oder aus ethnologischen Museen kannten, von Anfang an geltend. Auch die Presse erwähnte stets ihre Sonderrolle als Afrikanerin und sprach ihr somit eine größere Unverfälschtheit als Gauguin oder Pechstein zu.[9] Wie bereits erwähnt, stellte Stern auch nach ihrer Rückkehr nach Kapstadt regelmäßig in Deutschland aus. Während sie in ihrer Berliner Zeit größtenteils Portraits deutscher Mädchen oder Landschaften zeigte,[10] wählte sie in den Ausstellungen der 1920er Jahre bewusst Bilder aus, die ihre Vertrautheit mit den schwarzen Bewohner*innen Südafrikas zu einem Alleinstellungsmerkmal machen sollten. So zeigte sie beispielsweise in den Großen Berliner Kunstausstellungen von 1927, 1928 und 1929 Arbeiten mit Titeln wie *Markt in Lorenço Marques*, *Zulu-Frauen* oder *Negermädchen mit Frucht*.[11] Auch Osborn trägt in seiner Monografie bewusst zu Sterns Exotisierung bei, wenn er (unwahrheitsgemäß) schreibt:

> Es hatte, wenn man ein paar Europareisen abzog, keine Zeit gegeben, da sie sich nicht von den Angehörigen farbiger Stämme, von den Wäldern, Gärten und Bergen umgeben sah, deren Erscheinung und Wesen sie in ihren Malereien und Zeichnungen zu deuten suchte. Das war es, was ihr eine völlig eigene Stellung in der Kunstwelt gab.[12]

8 Z. B. Miss Irma Stern. Success in Germany. In: *Cape Argus*, 20.11.1923; Hilda Purwutsky: South African News-Letter. In: *The Reform Advocate*, 26.01.1929.

9 Vgl. Fritz Stahl: Ausstellungen. In: *Berliner Tageblatt*, 13.01.1918.

10 Die Titel der in den Ausstellungen der Novembergruppe 1919 und der Neuen Secession 1918 gezeigten Arbeiten lauten z. B. *Gewitter*, *Mädchenbildnis* und *Felder*.

11 Der Rassismus in Sterns Arbeiten ist äußerst problematisch. Vgl. z. B. LaNitra Michele Walker: *Pictures that Satisfy. Modernist Discourses and the Politics of Race, Gender, and Nation in the Art of Irma Stern (1894–1966)*. Durham, NC: Duke UP 2008.

12 Max Osborn: *Irma Stern*, S. 6, 7. Dass Stern nur auf Reisen nach Europa kam, stimmt natürlich nicht und muss Osborn selbst auch bewusst gewesen sein, da er sich wenig später auf Sterns Schulzeit in Berlin bezieht (ebd., S. 8).

Stern war sich außerdem bewusst, dass es für Frauen ihrer Zeit nicht einfach war, sich erfolgreich in den europäischen Kunstzentren zu etablieren, und nutzte daher auch Pechsteins Interesse an ihren Werken für sich aus. So schrieb sie zum Beispiel in ihrem *Cape Argus*-Artikel „How I Began to Paint" vom 12. Juli 1926, dass sie Pechsteins Einladung, als einzige Frau neben einer Bildhauerin Gründungsmitglied der Novembergruppe zu werden, als große Ehre empfand. In dieser geschickten Selbstdarstellung, die von der Presse aufgegriffen und reproduziert wurde, führte sie außerdem an, wie stark Pechstein sie unterstützte, und steigerte somit ihre Glaubwürdigkeit in Deutschland wie in Südafrika.[13] Dennoch erreichte sie, dass sie in den Rezensionen ihrer Ausstellungen als eigenständige Künstlerin dargestellt wurde, die sich über die Pechstein'schen Einflüsse hinaus in eine unabhängige Richtung weiterentwickelte.[14] Dies war vor allem für Künstlerinnen jener Zeit sehr ungewöhnlich, da ihnen oft das ‚Nachahmen' männlicher Kollegen und die Unfähigkeit zur Originalität nachgesagt wurden.[15] Stern bildete hier sicherlich besonders deswegen eine Ausnahme, weil sie sich wie oben beschrieben durch ihre Positionierung als echte afrikanische Künstlerin selbst von den großen europäischen Expressionisten absetzen konnte. Männliche afrikanische Künstler, die ebenfalls expressionistisch arbeiteten, gab es zu dieser Zeit kaum und die wenigen Ausnahmen waren erst recht nicht in Europa bekannt.

Der Vergleich mit einer weiteren südafrikanischen Expressionistin zeigt, wie erfolgreich diese Doppelstrategie der von einem bedeutenden Brücke-Künstler unterstützten Afrikanerin war. Maggie Laubser, obwohl einige Jahre älter als Stern, begann ihre eigentliche Karriere als Malerin später als diese. Dies lag vor allem daran, dass in ihrem konservativen bäuerlichen Umfeld Frauen in der Erlernung eines Berufs generell nicht unterstützt wurden.[16] Laubser wurde 1886 in der Nähe von Malmesbury geboren, studierte zunächst Malerei in Kapstadt und wurde 1907 Mitglied der amateurhaften South African Society of Artists. Da der finanzielle Erfolg ausblieb, zog sie bald zurück zu

13 Irma Stern: How I Began to Paint.

14 Vgl. Fritz Stahl: Zur Sache. In: *Berliner Tageblatt*, 20.07.1923; B. E. W.: Die Malerin Irma Stern. In: *Deutsche Allgemeine Zeitung*, 27.02.1927.

15 Vgl. z.B. Renate Flagmeier: Camille Claudel, Bildhauerin. In: *kritische berichte* 16,1 (1988), S. 36–45, und die zu Beginn des 20. Jahrhunderts einflussreiche Schrift Karl Scheffler: *Die Frau und die Kunst*. Berlin: Bard 1908.

16 Vgl. Esmé Berman: *The Story of South African Painting*. Kapstadt / Rotterdam: Balkema 1975, S. 58.

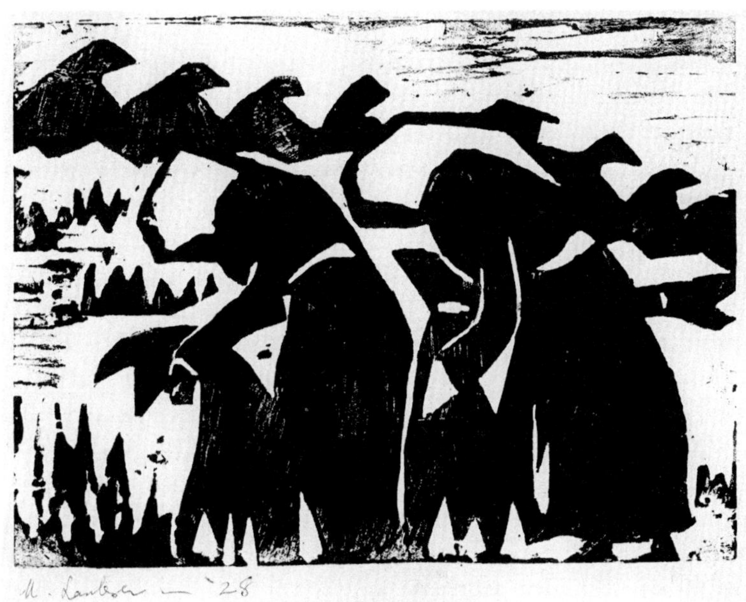

Abb. 2: Maggie Laubser: *Landscape with Harvesters in Wheatfield*, 1926, Holzschnitt, 17,5 x 12,5 cm.

den Eltern, bis sie 1913 mit der finanziellen Unterstützung eines Freundes nach Europa reisen konnte. Sie ging zunächst nach London, wo sie von 1914 bis 1919 die Slade School besuchte. Nach kürzeren Stationen in Belgien, Norditalien und Südafrika zog sie 1922 nach Berlin und blieb dort bis zu ihrer Rückkehr nach Südafrika im Jahr 1924. Auch sie begeisterte sich sehr für die deutschen Expressionisten und schloss Freundschaft mit dem Brücke-Künstler Karl Schmidt-Rottluff.[17] Der Holzschnitt *Landscape with Harvesters in Wheatfield* (Abb. 2) macht Laubsers Verwandtheit mit Brücke-Arbeiten sehr gut deutlich. Im Gegensatz zu Irma Stern dementierte sie jedoch jeglichen Einfluss durch Schmidt-Rottluff oder andere männliche Künstler, da ihr ihre Eigenständigkeit besonders wichtig war.[18] Ebenso versuchte sie nicht,

17 Aus einem Brief von Schmidt-Rottluff an Laubser vom 21.01.1931 geht z. B. hervor, dass diese ihm auch lange nach ihrer Rückkehr nach Kapstadt noch Fotos ihrer Bilder schickte, die er dann kritisch beurteilte (J. S. Gericke Library, University of Stellenbosch, Special Collection 79).

18 Vgl. Johann van Rooyen: *Maggie Laubser*. Kapstadt: Struik 1972, S. 13; Dalene Marais: *Maggie Laubser. Her Paintings, Drawings and Graphics*. Johannesburg: Perskor 1994, S. 18.

ihre afrikanische Herkunft und Kenntnisse der dortigen Völker und Kulturen strategisch einzusetzen. Somit erwarb sie in Berlin kaum Bekanntheit (sie stellte auch nie in Berlin aus) und stieß nach ihrer Rückkehr nach Kapstadt ebenfalls auf Ablehnung. Wieder im Gegensatz zu Irma Stern versuchte sie jedoch nicht, dieser entgegenzuwirken, indem sie sich auf ihre europäische Kunstausbildung bezog, sondern sie zog sich zurück auf die Farm ihrer Eltern. Erst in den 1930er Jahren, nachdem Stern die Pionierarbeit geleistet und den Expressionismus durch ihren unnachgiebigen Verweis auf dessen langjährige Vorherrschaft in Europa in den südafrikanischen Kunstzentren etabliert hatte, konnte auch Maggie Laubser ein Publikum für ihre Malerei finden. Sie wird heute zusammen mit Stern in der obersten Riege der südafrikanischen Modernist*innen angesiedelt.[19]
Beide Frauen können als Vermittlerinnen des Bildes der ‚Neuen Frau' der Weimarer Republik in die südafrikanische Kunstszene gesehen werden. Die Professionalisierung der Frauen während der Kriegsjahre sowie die Erfolge der Frauenbewegung führten dazu, dass die Frauen der Weimarer Republik immer mehr aus dem Privaten ins Öffentliche vordrangen. Dies bezog sich auch auf Künstlerinnen. So schrieb der deutsche Kunstkritiker Karl Scheffler in seiner prominenten Reaktion auf die Frauenbewegung im Kaiserreich *Die Frau und die Kunst* von 1908, dass die Frau dem Mann Dienerin oder Heilige, niemals aber Kameradin sei und schon gar nicht schöpferisch tätig sein könne.[20] Eigentlich verstehe sie Kunst nicht einmal.[21] Im Gegensatz dazu machte sich der deutsche Kunsthistoriker Hans Hildebrandt in seiner Schrift *Die Frau als Künstlerin* 1928 für Künstlerinnen stark, die sich als ‚Neue Frauen' gegenüber ihren männlichen Kollegen profilierten.[22] Die ‚Neue Frau' wird in der feministischen Forschung durchgängig als Konstrukt bezeichnet, dessen Grundidee zwar der weiblichen Emanzipationsbewegung entstammt, dann jedoch von Werbung und Medien so instrumentalisiert wurde, dass den Frauen ein Platz in der Gesellschaft zugewiesen werden konnte, der zwar von mehr Unabhängigkeit

19 Vgl. z.B. Esmé Berman: *Painting in South Africa*. Johannesburg: Southern Book 1993, S. 66; Marion Arnold: *Women and Art in South Africa*. Kapstadt / Johannesburg / New York: St. Martin's 1996, S. 60; van Rooyen: *Maggie Laubser*, S. 7.

20 Scheffler: *Frau und Kunst*, S. 15.

21 Ebd., S. 29–30.

22 Hans Hildebrandt: *Die Frau als Künstlerin*. Berlin: Mosse 1928, S. 106.

in sexueller und beruflicher Hinsicht, vor allem jedoch weiterhin von einer Idealisierung der Rolle als Ehefrau und Mutter geprägt war.[23] Dementsprechend schrieb Hildebrandt, dass die ideale Künstlerin sich vor allem durch den angeborenen sozialen Instinkt der Mutter und Hausfrau auszeichne.[24] Es ist dennoch wichtig zu betonen, dass es sich bei der ‚Neuen Frau' nicht nur um ein von außen aufgestülptes Konstrukt, sondern um eine von Frauen miterschaffene und angenommene Identität handelt.

Wie bereits beschrieben, war sich Stern der Ausschlussmechanismen gegen Künstlerinnen durchaus bewusst und versuchte gezielt, diesen entgegenzuwirken.[25] So stellte sie zum Beispiel in den Großen Berliner Kunstausstellungen von 1927, 1928 und 1929 innerhalb der Sektion des von Käthe Kollwitz geleiteten Frauenkunstverbandes aus und pflegte eine langjährige Freundschaft mit dessen zweiter Vorsitzender, der deutschen Bildhauerin Katharina Heise.[26] Neville Dubow, Gründungsdirektor des Irma Stern Museums in Kapstadt, zieht Parallelen zwischen Stern und der expressionistischen Dichterin Else Lasker-Schüler, die ebenfalls Jüdin war.[27] Laut Below wurde Stern nicht nur durch deren Zeichen- und Schreibstil beeinflusst, sondern sie nahm sich die Dichterin auch zum Vorbild „für die Existenz als autonom und unkonventionell lebende jüdische Frau, die ihre Kunst zu ihrem wichtigsten Lebensinhalt machte."[28] Letzteres war auch für Laubser zentral. Ihre Entscheidung, die europäische Entwicklung zur ‚Neuen Frau' ernst zu nehmen und auch in Südafrika nicht aufzugeben, zeigte sich u. a. darin, dass sie den Heiratsantrag ihres wohlhabenden

23 Vgl. Katharina Sykora / Annette Dogerloh (Hrsg.): *Die neue Frau. Herausforderung für die Bildmedien der Zwanziger Jahre*. Marburg: Jonas 1993; Marsha Meskimmon / Shearer West (Hrsg.): *Visions of the 'Neue Frau': Women and the Visual Arts in Weimar Germany*. Aldershot: Scolar 1995.

24 Hildebrandt: *Frau als Künstlerin*, S. 24. Vgl. auch Shearer West: Introduction. In: Meskimmon / West (Hrsg.): *Visions*, S. 1–8, hier S. 1.

25 Vgl. auch Below: Stern und Pechstein, S. 43–44.

26 Dokumente zum Frauenkunstverband und seinen Mitgliedern befinden sich in dem der Akademie der Künste übertragenen Archiv des Vereins Berliner Künstlerinnen.

27 Neville Dubow: *Paradise. The Journal and Letters (1917–1933) of Irma Stern*. Plumstead: Chameleon 1991, S. 73.

28 Irene Below: Irma Stern (1894–1966). Afrika mit den Augen einer weißen Malerin. Moderne Kunst zwischen Europa und Afrika. Zentrum und Peripherie und die Debatte um moderne Kunst in nichtwestlichen Ländern. In: *kritische berichte* 25,3 (1997), S. 42–68, hier S. 58.

Freundes Jan Hendrik Balwé, der ihre Studien in Europa finanziert hatte, mit der Begründung ausschlug, dass ihre Kunst wichtiger sei.[29] Diese Ansicht behielt sie bei und heiratete auch später nicht. In einem Interview vom 8. März 1936 beklagte Laubser sich außerdem über die südafrikanischen Konventionen, die es Frauen immer noch verböten, sich dem heißen Wetter entsprechend zu kleiden.[30]

Derlei Konventionen herrschten nicht nur in der Kleiderordnung, sondern auch in der südafrikanischen Kunstszene vor. Letztere wurde seit 1908 von dem britischen Maler Edward Roworth dominiert, der mehr als 30 Jahre lang Posten wie Präsident der South African Society of Artists, Direktor der South African National Gallery oder Leiter der Fakultät für Bildende Kunst an der University of Cape Town (UCT) innehatte. Roworth selbst hatte an der Londoner Slade School studiert und duldete keine andere Kunstrichtung als den romantischen Naturalismus, der um die Jahrhundertwende in England vorherrschte. Dies ging so weit, dass er moderne Kunst öffentlich verschmähte und beispielsweise für die Repräsentanz von Kunst und Leben in Südafrika auf der New Yorker Weltausstellung 1939 als eine der zwei gezeigten Arbeiten sein romantisiertes Porträt des Bischofs Hennemann auswählte.[31] Gegenüber seinen Studenten an der UCT bezeichnete er die international erfolgreiche Künstlerin Cecil Higgs als „kleines Mädchen aus Stellenbosch, das weder malen noch zeichnen kann."[32] Generell lässt sich Roworths Generation als vehemente Verfechterin des Patriarchats bezeichnen. Der einflussreiche Zeichner D.C. Boonzaier schrieb nach einem Besuch in Sterns Atelier 1920 in sein Tagebuch: „Poor Irma Stern! In a few years you will forget all about art as so many other women have done and no one will trouble about your nude girl with the strange crescent breasts."[33] Und über Maggie Laubser: „If a girl goes to Europe to 'study art' [...] her career there can only have one ending, the old, old one. It has been so with her and it will be so with

29 Vgl. Marais: *Laubser*, S. 26–27.

30 Zilla M. Silva: An Artist Devoted to Farm Life. In: *Sunday Express*, 08.03.1936.

31 Not Representative. In: *Cape Argus*, 10.02.1939. Das Entsetzen über dieses Vorgehen startete einen langwierigen Prozess, der schließlich zu Roworths Sturz führen sollte.

32 Vgl. Dieter Bertram: *Cecil Higgs. Close Up*. Rivonia: Waterman 1994, S. 44.

33 D.C. Boonzaier: Tagebucheintrag, 24.12.1920, Tagebuch 21. South African National Library, Special Collections, MSC4.

all those who come after her."[34] Dass beide Künstlerinnen langfristig trotzdem sehr erfolgreich waren, lag sicherlich daran, dass sie in einem Stil malten, der in Südafrika völlig unbekannt war und somit nicht mit männlichen Kollegen assoziiert wurde. So konnten sie mit Hilfe des in Deutschland erlernten Expressionismus die Konventionen der südafrikanischen Kunstszene aufbrechen und den Weg für zahlreiche folgende Modernist*innen bereiten – unter ihnen eine große Anzahl an Frauen.

34 D.C. Boonzaier: Tagebucheintrag, 25.10.1925, Tagebuch 25. MSC4. Er bezog sich auf das Finden eines Ehemannes.

Von non-finito Skulpturen bis Dioramen

Der Mensch und seine Existenz im Werk von Tina Haim-Wentscher

Martina Dlugaiczyk

1926 präsentierte die Berliner Preußische Akademie der Künste in ihrer alljährlichen Frühjahrsausstellung einen illustren Reigen an Künstlerpersönlichkeiten. Neben „älterer Malerei" von Paul Cézanne, Gustave Courbet, Francisco de Goya, Wilhelm Leibl, Édouard Manet oder Adolph Menzel, denen „Werke lebender Künstler" etwa von Ernst Ludwig Kirchner, Max Liebermann, Emil Orlik, Max Slevogt, Karl Schmitt-Rottluff und Augusta von Zitzewitz zur Seite gestellt wurden, konnten die Besucher plastische Bildwerke von Ernesto de Fiori, Ludwig Cauer, Fritz Klimsch, Renée Sintenis und Milly Steger in Augenschein nehmen.[1] Die Vielfalt an Positionen war dabei Programm, um den Besuchern fortwährend neue Sichtachsen und Einsichten zu ermöglichen. Denn „die Anschauung vermittelt uns" – so ist dem Vorwort im Ausstellungskatalog zu entnehmen:

> die Erkenntnis von der Einstellung der Künstler zur Natur und führt uns den Unterschied zwischen originaler und nichtoriginaler Kunst vor Augen im Sinne des von Wilhelm v. Humboldt überlieferten Ausspruches von Goethe: „Er teilt alle Bilder in die ein, die zur Bilderwelt und die, welche zur Natur gehören. Bei den ersten hat der Maler nur andere Bilder vor Augen gehabt, bei den letzteren die wahre, volle und doch idealische Natur".[2]

Analoges galt für den Bereich der Bildhauerei.

Tina Haim-Wentscher und Käthe Kollwitz

So konnten die Kunstliebhaber in der Berliner Ausstellung etwa das *Bildnis der Käthe Kollwitz* in Augenschein nehmen und über dessen ‚Naturnähe' sinnieren. (Abb. 1) Die Büste, in Gips modelliert und auf einem kleinen Marmorblock stehend, stammt aus den Händen

1 *Frühjahrsausstellung*. Berlin: Preußische Akademie der Künste Mai/Juni 1926.
2 Ebd., S. 4.

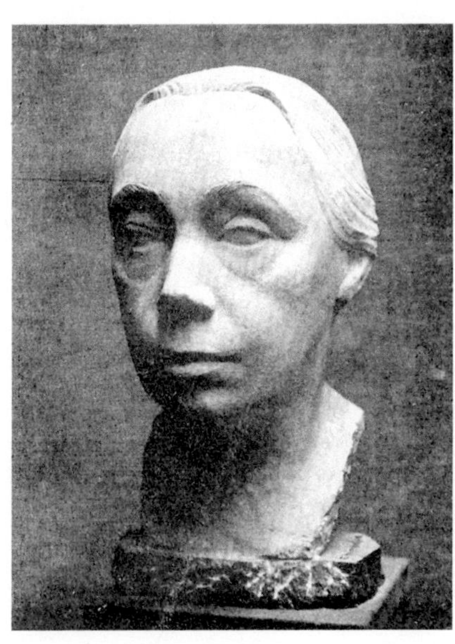

Abb. 1
Tina Haim-Wentscher:
Bildnis der Käthe Kollwitz,
1926, Gips.

von Tina Haim-Wentscher (1887–1974, geb. Haim, ab 1914 Haim-Wentscher, ab 1941 anglisiert Wentcher)[3], einer aus Konstantinopel stammenden und in Berlin beheimateten Bildhauerin. Während Renée Sintenis und Milly Steger – mit denen sie bei Gruppenausstellungen oftmals zusammen präsentiert wurde – als feste Größen der Berliner Bildhauerinnen-Szene der 1920er Jahre gelten, ist Haim-Wentscher in Deutschland nahezu in Vergessenheit geraten, obwohl sie frühzeitig mit ihren Werken in Holz, Wachs, Stein und Bronze große Erfolge feierte. Zudem wird von der australischen Association of Sculptors of Victoria bis heute jährlich der Tina Wentcher-Prize ausgeschrieben. Die jüdische Künstlerin – die ihre Ausbildung an der Académie Julian in Paris und der Lewin-Funcke-Schule in Berlin-Charlottenburg absolvierte – geriet unmittelbar mit ihren ersten eigenständigen Arbeiten ins Rampenlicht. Frühzeitig präsentierte man Werke von ihr etwa in der Berliner Sezession, gleichwohl sie kein Mitglied war. So wurde nicht nur in Paris Auguste Rodin, sondern in Berlin auch Käthe Kollwitz auf

3 Die Bildhauerin stellte bedingt auch noch nach ihrer Hochzeit im August 1914 unter ihrem Mädchennamen Haim aus, ansonsten Haim-Wentscher; in Australien nahezu ausschließlich Wentcher. Mit ‚THW' sind ihre Werke zwischen 1914 und ca. 1945 signiert. Aus Gründen der Vereinheitlichung wird sie hier unter Haim-Wentscher geführt.

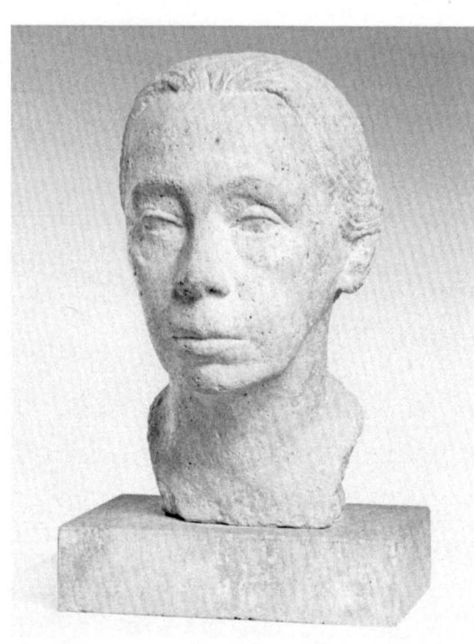

Abb. 2
Tina Haim-Wentscher:
Bildnis der Käthe Kollwitz,
1926, Tonmergel, H. 33,7 cm.

sie aufmerksam – um nur zwei Vertreter aus den Künstlerkreisen und gewichtige Multiplikatoren ihres Schaffens zu nennen.[4]
So notierte Kollwitz bereits 1911 nach einem Besuch in der Berliner Sezession in ihrem Tagebuch „Tina Haim Berlin, 1910 Schlummernde Kinder. 1909 Porträt ihrer Schwester. Beides gut“[5] und pflegte nachfolgend künstlerisch, kollegial wie freundschaftlich einen regen Austausch mit der jungen Bildhauerin. Unterstützt wurde dies u. a. dadurch, dass beide im Atelierhaus Siegmundshof 11 ihrem Werk Kontur verliehen.[6] Beste Voraussetzungen also, um ihre Beziehung stetig zu intensivieren. 15 Jahre nach der ersten Begegnung – genauer

4 Von Rodin erhielt sie eine Empfehlung (nachdem er geäußert haben soll: „c'est vous, mademoiselle, qui a fait ça? … Vous etes une vraie artiste“), vgl. Juliet Peers: Wentcher, Tina (1887–1974). In: *Australian Dictionary of Biography*. http://adb.anu.edu.au/biography/wentcher-tina-11998/text21515 (Zugriff am 21.05.2016). Die Empfehlung liegt nicht als Schriftstück, sondern als (Gesprächs-/Erinnerungs-)Notizen von Zeitgenossen vor, die mit der Bildhauerin im direkten Austausch standen, u. a. Dame Elisabeth Murdoch, Ailsa O'Connor, Henry und Betty Teltcher, Ken Scarlett (alle Australien).

5 Käthe Kollwitz: *Die Tagebücher*, hrsg. v. Jutta Bohnke-Kollwitz. Berlin: btb 1989, S. 106.

6 Kollwitz zog im Frühherbst 1928 vom Siegmundshof in die Akademieateliers am Steinplatz um; Haim-Wentscher wechselte im Oktober 1929 nach Dahlem, wo sie zusammen mit ihrem Mann, dem Maler Julius Wentscher (1881–1961), ein Wohnhaus mit zwei Ateliers bezog.

am 7. Februar 1926 – hält Kollwitz wiederum in ihren privaten Aufzeichnungen fest: „Meinen Augen wegen arbeite ich nicht, sitze der Tina Haim Modell“[7]. Knapp zweieinhalb Monate später teilt sie der Malerin Mathilde Rüstow (geb. Herberger) in einem Brief gleichermaßen beseelt und erleichtert mit: „Die Arbeit von Tina Haim ist zuletzt doch sehr gut geworden ich freu mich. Hab auch lang genug gesessen“[8]. Dieses positive Urteil, dem jedoch auch das Ringen um die richtige Form und den wahren Ausdruck zu entnehmen ist, kann nicht hoch genug geschätzt werden, da Kollwitz nur wenige Wochen später ebenfalls mit der Anlage einer Bildnisbüste in Gips begann – „nehme mich selbst plastisch vor“[9] –, über deren Formfindung sie in steter Auseinandersetzung über Jahre hadern sollte. Vermutlich hatte Kollwitz bei der persönlichen Beurteilung die Fassung in Tonmergel vor Augen (Abb. 2), die dem in der Akademie ausgestellten Bildnis in Gips folgte.[10] Der Gips stand laut Katalog zum Verkauf, die Ausführung in Stein erwarb der Preußische Staat. Es ist anzunehmen, dass es sich hierbei um eine staatliche Auftragsarbeit handelte, da der 60. Geburtstag von Käthe Kollwitz unmittelbar bevorstand. Zudem zeichnete Tina Haim-Wentscher für weitere ‚Ehrengeschenke‘ verantwortlich – etwa für die Bronzebüsten Adolf Erman (1914, Ägyptologe) oder James Simon (1931, Mäzen und Sammler). In Berlin ‚verhaute‘ sie quasi alles, was Rang und Namen hatte.[11] Ferner war sie national – frühzeitig zählten etwa die Warburgs[12] aus Hamburg oder die Hirschlands[13] aus Essen zu ihren Auftraggebern – wie international tätig.

Im Hinblick auf den Gips wurde kürzlich die Frage aufgeworfen, ob sich Haim-Wentscher hierfür einer Gesichtsabformung – einer

7 Kollwitz: *Tagebücher*, S. 607.

8 Annette Seeler: *Käthe Kollwitz. Die Plastik. Werkverzeichnis.* München: Hirmer 2016, S. 223, Herv. i. Orig.

9 Ebd., S. 220; Kollwitz: *Tagebücher*, S. 616.

10 „Als 1927 neue Akademie-Mitglieder zu wählen waren, nominierte sie die Bildhauerinnen Milly Steger und Tina Wentscher-Haim [*sic!*] als Kandidatinnen“ (Dorothea Körner: Käthe Kollwitz und die Preußische Akademie der Künste. In: *Berlinische Monatsschrift*, 6/2000, S. 171–178. http://www.luise-berlin.de/bms/bmstxt00/0006gesg.htm (Zugriff am 06.06.2016)).

11 Ein Werkkatalog ist im Entstehen begriffen. Für 2017/18 ist eine Ausstellung in der McClelland Gallery & Sculpture Park, Melbourne geplant.

12 Zwei als ‚verschollen‘ deklarierte Werke, die die Töchter von Max Warburg darstellen, konnten Ende 2015 wieder ausfindig gemacht werden.

13 Im Familienbesitz (USA) befinden sich zwei Bronzen der Künstlerin.

Gips-Maske – bedient hat.[14] Dagegen sprechen folgende Aspekte: Nicht nur, dass – ganz pragmatisch – Kollwitz dafür nicht so lange Modell sitzen und das Ergebnis respektive Urteil eindeutiger ausfallen hätte müssen, sondern dass – und diese Aspekte wiegen schwerer – Abformungen über der Natur als Hilfsmittel oder Requisite, nicht jedoch in unmittelbarer Verwendung für eine Skulptur akzeptiert wurden:

> Der Auftrag der Kunst besteht nicht darin, die Natur nachzuahmen, sondern sie auszudrücken. [...] Sonst hätte ja ein Bildhauer seine ganze Arbeit erledigt, wenn er von einer Frau einen Abguss macht.[15]

Während Adolph Menzels famos in Szene gesetzte *Atelierwand* (1872) mit allerlei Masken und Körperteilen aus Gips die Zwischenstufe im Künstleratelier markiert, steht der Skandal um Rodins *Ehernes Zeitalter* (1880), in dem ihm vorgeworfen wurde, den Abguss eines lebenden Modells ausgestellt zu haben, exemplarisch für die negative Bewertung, die bis zu Betrugsvorwürfen reichen konnte.[16] Die aufgepeitschten Diskussionen um das Für und Wider derartig perfekter Verdopplungen dürften beide Künstlerinnen aufmerksam verfolgt haben, zumal die Debatte Anfang des 20. Jahrhunderts nach wie vor virulent war. Allerdings hatte sich der Schwerpunkt leicht verschoben – während fragmentierte Körperpartien bzw. das Fragmentarische die Entwicklung der Skulptur nunmehr nachhaltig prägen sollten, unterlag der reine Abklatsch weiterhin einer kritischen Beurteilung.

Haim-Wentscher-Nofretete

Tina Haim-Wentscher hatte sich durch einen Auftrag besonderer Güte dem Berliner Museumszirkel empfohlen: Die junge Bildhauerin schuf 1913 die ersten Nachbildungen der Nofretete-Büste. Gleichwohl es sich hierbei vermeintlich ‚nur' um eine Replik eines Modells handelte, war höchste künstlerische wie handwerkliche Präzision gefragt, da die Büste aufgrund ihrer fragilen Oberflächenbeschaffenheit nicht in Gips abgeformt, sondern nur händisch vermessen werden konnte.[17]

14 Vgl. Seeler: *Kollwitz*, S. 225.

15 Honoré de Balzac: Das unbekannte Meisterwerk, 1831, zit. n. Edouard Papet: *Hautnah. Die Abformung des Lebens im 19. Jahrhundert*. Hamburg: Hamburger Kunsthalle 2002, S. 7.

16 Vgl. Papet: *Hautnah*, S. 7–38.

17 Vgl. Martina Dlugaiczyk: Thutmosis vs Tina Haim-Wentscher – das Modell der Nofretete als Modell. In: David Ludwig / Cornelia Weber / Oliver Zausig (Hrsg.):

Zudem hatte Haim-Wentscher den Auftrag erhalten, die Fehlstellen der bunten Königin auszumerzen – quasi die unvollendete Vollendung zu vollenden. Damit wirkte sie in gewissem Grade gegen den Zeitgeist, denn das Publikum war elektrisiert von der Modernität der archäologischen Amarna-Fundstücke, ihrer Androgynität, ihrer Manieriertheit und nicht zuletzt von ihrer gewollten wie ungewollten Fragmentierung.[18] Doch die Herstellung der ‚Haim-Wentscher-Nofretete' unterlag anderen Bedingtheiten, da sie als Geschenk für Kaiser Wilhelm II. gedacht war. Augen, Ohren und Krone mussten perfekt sein.

Ohne Gewaltmäßigkeit modern

Ihr eignes Werk gestaltete sich heterogener, offener in der Kontur. „Tinas Fähigkeit der peinlich genauen Beobachtung engte in keiner Weise ihre Entwicklung als Gestalter ein."[19] Dazu gehört etwa das von Kollwitz vermerkte *Porträt ihrer Schwester* (Abb. 3), mit dem Haim-Wentscher ein fulminanter Auftakt – und zwar in der Berliner Künstlerszene und in ihrer künstlerischen Entwicklung – gelang. Dazu entwickelte sie aus einem Kalksteinblock die Büste einer ihrer drei Schwestern.[20] Nahezu lebensgroß wachsen die Schulterpartie sowie Hals und Kopf aus dem strukturierten Rohmaterial hervor. Kopf und Sockel bilden dabei einen harten Kontrast, da das Gesicht – welches von in weichen Wellen fallendem Haar und einem tief hängenden, schweren Haarknoten umspielt wird – gleichermaßen feingliedrige wie flächige Züge

Das materielle Modell. Objektgeschichten aus der wissenschaftlichen Praxis. Paderborn: Fink 2014, S. 201–207; dies.: Serien-Star Nofretete. Neue Quellen zur 3D-Rezeption der Büste vor der Amarna-Ausstellung von 1924. In: Christina Haak / Miguel Helfrich (Hrsg.): *Casting. Ein analoger Weg ins Zeitalter der Digitalisierung. Ein Symposium zur Gipsformerei der Staatlichen Museen Berlin*. Merzhausen: ad picturam 2016, S. 162–173, online unter arthistoricum.net, 2016. DOI: 10.11588/arthistoricum.95.114.

18 Vgl. Benedicte Savoy: Futuristen, senkt euer Haupt! Amarna-Fieber in Berlin 1913/14. In: Katja Lembke (Hrsg.): *Faszination Nofretete. Bernhard Hoetger und Ägypten*. Ausstellungskatalog Landesmuseum Hannover. Petersberg: Imhof 2013, S. 113–125.

19 Ailsa O'Connor: Auszug aus der Trauerrede für Tina Haim-Wentscher, gehalten am 23. April 1974 (in Übersetzung durch A. G. Jacobsen (Melbourne) nach Berlin gesandt). SMB-PK, Zentralarchiv, Künstlerdokumentation. Vermerkt ist ebendort: „1971 übernahm ich die Aufgabe, in Ostberlin nach einigen verschollenen Werken zu forschen, und ich hatte das Glück, den verschollenen, aus Stein gearbeiteten Kopf von Käthe Kollwitz in einem Keller zu entdecken und zu identifizieren".

20 Bislang ist unklar, welche der Töchter – Maria, Clara oder Rosa – der Eltern David Leon Haim (Teppichgroßhändler und Rabbiner) und Rebecca Haim, geb. Mondolfo (?), hier von Tina (Ester Tina? / Ernestine Esther?) Haim-Wentscher dargestellt ist.

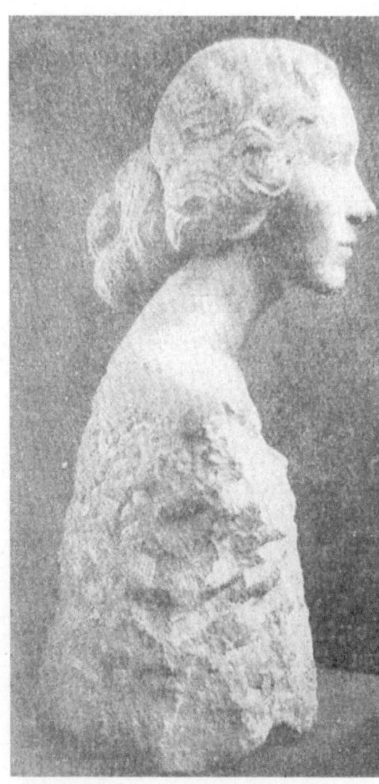

Abb. 3
Tina Haim-Wentscher:
Porträt meiner Schwester,
1909, Kalkstein.

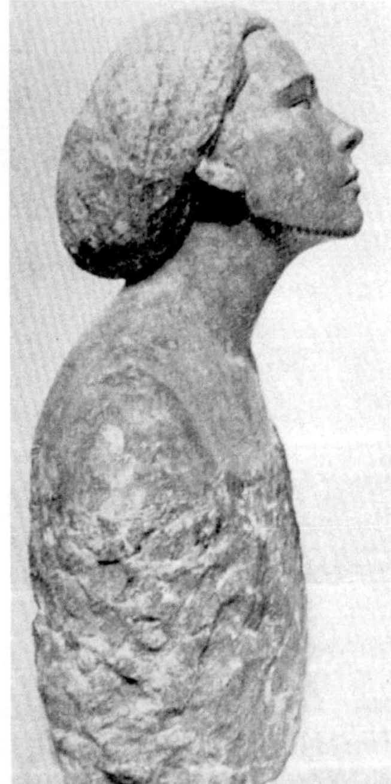

Abb. 4
Tina Haim-Wentscher:
Tilla Durieux, um 1915,
schwedischer Marmor.

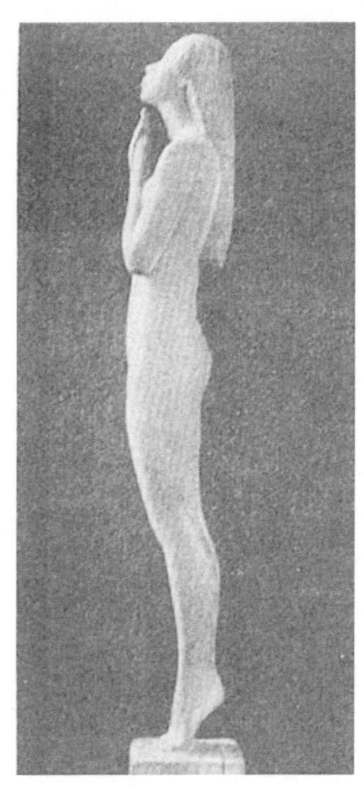

Abb. 5
Tina Haim-Wentscher:
Katta Sterna, vor 1923, Holz.

aufweist. Ferner nimmt der konisch verlaufende Sockel etwa die Hälfte der Gesamthöhe der auf Allansichtigkeit gearbeiteten Skulptur ein, die sie, wie alle anderen Arbeiten auch, selbst aus dem Stein gehauen hat. Publikum, Kritiker wie Auftraggeber zeigten sich fasziniert von Haim-Wentscher, die sich – Anfang zwanzig, ungebunden, mit ersten Preisen und guten Kritiken – nunmehr auf dem Künstler-Parkett zu etablieren begann. Zu ihren Bewunderern gehörte etwa Theodor Däubler, der 1923 schrieb:

> [I]hre Bildnisbüste der Frau Tilla Durieux [...][um 1915, Abb. 4] ist so vortrefflich, daß man mit gutem Gewissen sagen kann: Tina Haim gehört zu den wenigen schöpferischen Temperamenten, die heute in Deutschland bemerkenswerte Porträte in Stein hervorbringen können. Der Abschluß in Masse und Material ist prachtvoll gefunden: etwas sphinxartig blickt uns Tilla Durieux an, dabei aber durchaus lebendig, ohne literarische Aufmachung. Die Behandlung des Haares, stilhaft ausgeprägt, das ist behutsam vereinfacht, tritt mehr als Antlitz, Hals und auch Busen, ins Materialhafte (also wie beim Postament) zurück. Besser als Postament könnte man vielleicht felsenartiger Abschluß sagen![21]

21 Theodor Däubler: Zwei deutsche Künstler in Griechenland: Tina Haim und Julius Wentscher. In: *Jahrbuch der jungen Kunst* (1923), S. 237–242.

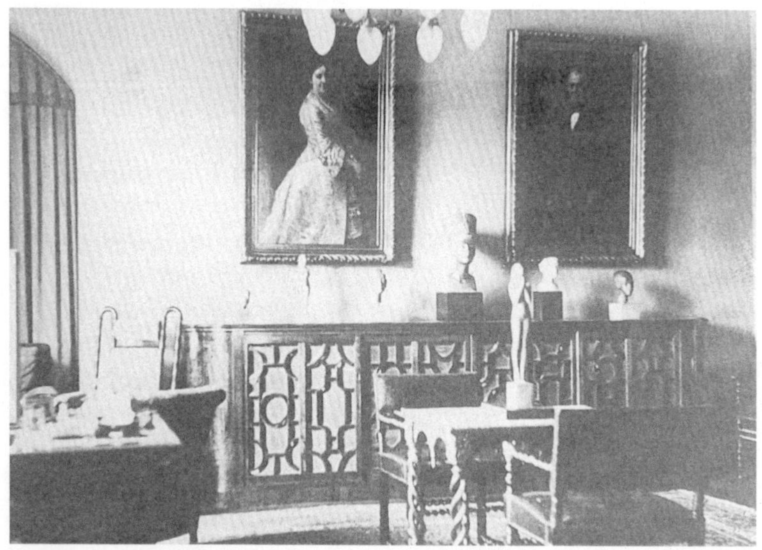

Abb. 6: Anonym: *Wohnung James Simons in der Kaiserallee 23*, zwischen 1927 und 1930, Fotografie.

Möglicherweise hat sich Tina Haim-Wentscher in der blockhaften Anmutung und der reduziert angewandten Formvereinfachung von Bernhard Hoetger und seiner Ägypten-Rezeption inspirieren lassen.[22] Über Däublers feinsinnige Beschreibung und Urteil – „ohne jede Gewaltmäßigkeit versteht sie modern zu bleiben, denn das ist sie"[23] – lassen sich ferner die Qualitäten der als verschollen geltenden Bildnisbüste ihrer *Schwester* samt den Entwicklungstendenzen hin zur *Durieux*-Skulptur ableiten.

Zu den Bewunderern ihrer Kunst zählte auch Heinrich Schäfer, der Direktor des Ägyptischen Museums. Frühzeitig hatte er nicht nur auf die der Armana-Kunst eigene Modernität, sondern auch auf die Analogien zu Rodin oder Constantin Meunier hingewiesen. Da er in Haim-Wentschers Werk ähnliche Bezugspunkte erkannte, übertrug er ihr die Aufgabe, detailgetreue Nachbildungen einiger exquisiter Armana-Fundstücke anzufertigen. Damit geriet sie wiederum in den Fokus von James Simon, der u. a. eine Holzskulptur von ihr erwarb, die in

22 Vgl. Lembke: *Faszination Nofretete.*

23 Däubler: Zwei deutsche Künstler in Griechenland, S. 237.

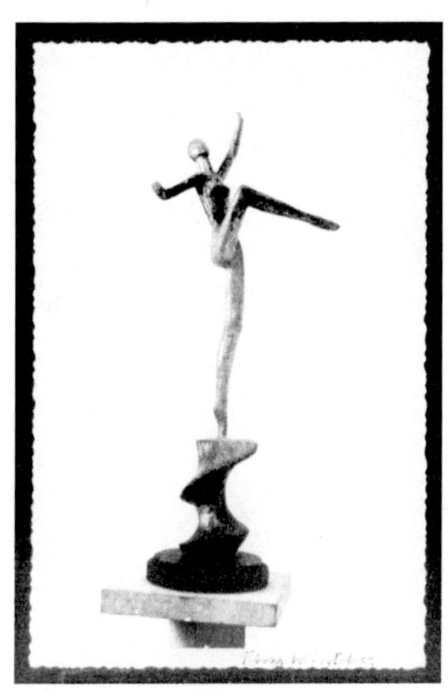

Abb. 7
Grußkarte von Tina Haim-Wentscher mit einer Fotografie der *Tänzerin*, o. D., Metall, H. 38 cm.

schmaler Silhouette eine völlig andere Körperhaftigkeit und -spannung aufweist als die Bildnisbüsten. Es handelt sich dabei um eine nackte weibliche Figur, die auf den Fußballen hochaufgereckt, mit vor der Brust gekreuzten Armen, die Finger zum Kinn erhoben gen Himmel schaut. (Abb. 5) Es ist *Katta Sterna*, die Nichte von Kollwitz, welche 1915 bei Max Reinhardt als Schauspielerin debütierte und parallel zur innovativen Tänzerin avancierte. Haim-Wentscher wählte eine gleichermaßen zurückgenommene wie spannungsgeladene Pose, um die junge Tänzerin, die noch am Beginn ihrer Karriere stand, zu charakterisieren. Simon war voller Bewunderung für die Holzskulptur, die er in seiner Wohnung unmittelbar vor der ebenfalls von Haim-Wentscher geschaffenen Nofretete-Replik auf dem Tisch stehend präsentierte (Abb. 6), um durch den sich bietenden unmittelbaren Vergleich u. a. auch auf die den Skulpturen eigene Modernität hinzuweisen.[24] Dass die Bildhauerin sich mit den Kategorien von Körper, Bewegung und Raum später wesentlich abstrahierter auseinandergesetzt hat, zeigt eine aus Metall gefertigte *Tänzerin*. (Abb. 7)

24 Über die Verbindung zwischen Tina Haim-Wentscher und James Simon (als Sammler und Auftraggeber) befindet sich ein Beitrag in Vorbereitung.

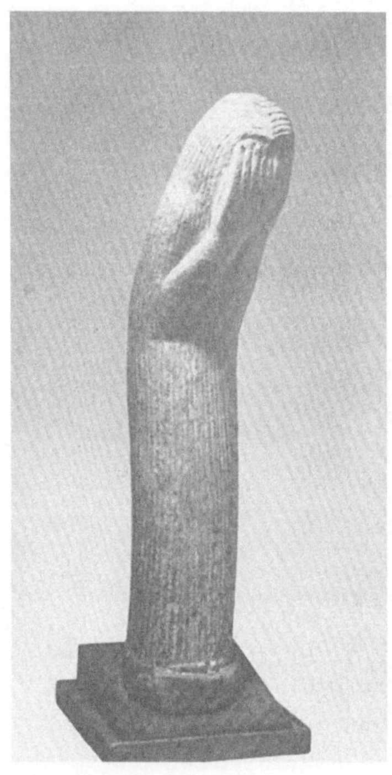

Abb. 8
Tina Haim-Wentscher: *Tristesse*, o. D., Holz, H. 62 cm.

Bislang konnten keine Hinweise gefunden werden, dass Haim-Wentscher künstlerisch auf die politische Situation der Kriegsjahre reagiert hat. Auch ihre Mutter-Kind-Ensembles sind nicht von Schmerz und Trauer wie etwa bei Kollwitz geprägt, sondern – so urteilt Däubler – „Liebe, Zärtlichkeit sind der Inhalt dieser Skulptur[en]"[25]. Ferner verweist er auf die Kinderköpfchen, die „mit einen Anflug von Wehmut [...] in die noch unbekannte Welt" blicken und auf die Fragmenthaftigkeit – „ein gar prächtiges Werk" – der das Kind umfangenden Hand der Mutter.[26] Leid, Schmerz oder Verzweiflung hat die Bildhauerin (soweit bislang bekannt) nur in der Skulptur *Tristesse* zum Ausdruck gebracht. (Abb. 8) Während ihrer Berliner Jahre war sie in der Hauptsache als Porträtbildhauerin tätig, was sie jedoch nicht davon abhielt, etwa Kamin-Ummantelungen oder Ausstattungsstücke für Freilichtbühnen zu gestalten. Sie agierte facettenreich, ohne beliebig zu sein.

25 Däubler: Zwei deutsche Künstler in Griechenland, S. 237.
26 Ebd.

„Der Mensch ein Gehäuse für Geistigkeit“[27]

Insgesamt birgt es einige Schwierigkeiten, das Œuvre der Tina Haim-Wentscher in Gänze zu fassen, da ihre Arbeiten weltweit entstanden und ebenso verstreut, wenn nicht verloren sind.[28] Zahlreiche ausgedehnte Reisen führten sie nach Griechenland, Ägypten, aber auch nach Mali und Bali – um nur einige Stationen zu nennen. Aufgrund ihrer jüdischen Herkunft kehrten sie und ihr Mann Julius Wentscher in den frühen 1930er Jahren nicht nach Deutschland zurück, sondern emigrierten nach nahezu zehnjähriger ‚Reise‘ nach Australien. So ist ihr facettenreiches Werk geprägt etwa von repräsentativen Porträts hochgestellter Persönlichkeiten in Bronze, feingliedrigen Kinderstudien in Holz, Bewegungsstudien in Wachs, gleichermaßen innigen wie in sich gekehrten Mutter-Kind-Ensembles, wuchtigen non-finito Steinskulpturen, dem Primitivismus nahestehenden Aktfiguren, abstrahierten Menschenbildern in Holz oder Gips, Naturbeobachtungen bis hin zu Dioramen,[29] bei denen immer der Mensch und seine Existenz im Fokus stehen. Die Monumentalität der Skulpturen, die eher im Gefühl lag als in der Dimension – „die Aufrichtigkeit der Bildhauerin Tina Haim wird jedem Betrachter sofort auffallen“[30] –, veranlasste Käthe Kollwitz etwa, es allein der jungen Bildhauerin zu gestatten, eine Bildnisbüste von ihr anzufertigen.

Däubler, der 1916 als glühender Verehrer der griechischen Klassik klug und prägnant über den Expressionismus sinnierte – weil er sich „den hellenischen Sinn für die Erschütterungen der eigenen Zeit bewahrte und deshalb bei der großen Kunstrevolution zwischen 1910 und 1920 durchaus aufseiten der Jungen, der expressionistischen Avantgarde stand, in deren Zielen er seine eigenen Ideale, den Glauben an den Primat des Geistes und die Hoffnung auf einen neuen Äon verwirklicht

27 Theodor Däubler: Expressionismus (1916). In: Friedhelm Kemp / Friedrich Pfäffin (Hrsg.): *Theodor Däubler: Im Kampf um die moderne Kunst und andere Schriften*. Darmstadt: Luchterhand 1988, S. 110–115, hier S. 115.

28 Die Forschung zu Tina Haim-Wentscher steht noch am Anfang, insbesondere zu ihren Berliner Jahren; zahlreiche Werke befinden sich in Privatsammlungen. 1989 wurde von Haim-Wentscher eine Durieux-Büste in Bronze (H. 30 cm) im Auktionshaus Nagel, Stuttgart, versteigert; Verbleib (noch) unbekannt.

29 1938 schuf das Ehepaar als künstlerisches Gemeinschaftsprojekt für die *British Empire Exhibition* in Glasgow mehrere Dioramen, die Szenen des Lebens und Arbeitens in Malaysia vorstellten, wobei Tina für die lebensgroßen Figuren und Julius für die Hintergrundmalereien zuständig war.

30 Däubler: Zwei deutsche Künstler in Griechenland, S. 237.

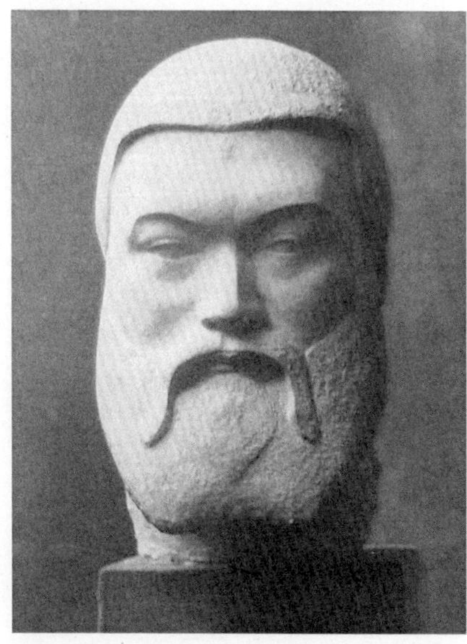

Abb. 9
Tina Haim-Wentscher:
Theodor Däubler, nach 1924,
Stein.

sah"[31] –, ließ Haim-Wentscher seine eigene Physiognomie in Stein meißeln,[32] da er in ihrem künstlerischen Wirken beide Pole verbunden sah. So entstand eine Büste, die Däublers markanten Kopf zwar klassisch in der Symmetrie, jedoch stark reduziert in der Form und Oberflächengestaltung zeigt. (Abb. 9)

Anders als etwa Herwarth Walden, dem legendären Begründer der Sturm-Galerie, dem ‚expressionistisch' als Sammelbegriff für die modernen Kunstrichtungen ab 1900 diente, kommentierte Däubler die in alle Richtungen zirkulierende Bewegung vorausschauend: „Da die Notwendigkeit, sich zusammenfassend zu äußern, in vielen Köpfen vehement hervorzuckt, bekommen wir einen Stil. Er wird allgemeinverbindend sein und die Äußerung des Persönlichsten fördern und erleichtern."[33] Ein Jahr später notierte Kollwitz:

> Römer hielt einen Vortrag über Expressionismus, der zum Teil sehr fein war, nur etwas spintisiert. Er erzählte übrigens, das Schlagwort Expressionismus sei so entstanden, daß er vor Jahren mit Cassirer über den Kurfürstendamm gegangen

31 Walter Jens: Theodor Däubler der letzte Grieche. In: *Die Zeit*, 17.01.1957. http://www.zeit.de/1957/03/theodor-daeubler-der-letzte-grieche (Zugriff am 15.06.2016).

32 Freundlicher Hinweis von Ken Scarlett, Melbourne.

33 Däubler: Expressionismus, S. 110.

> sei und er hätte im Gespräch gesagt: Ihre Impressionisten sind jetzt auch ex. Worauf Cassirer gesagt habe: dann nennen wir sie Expressionisten und sie sind wieder neu.[34]

Obwohl Tina Haim-Wentscher zahlreiche Briefe verfasst hat, in denen sie über ihre Reisen, Kontakte und manchmal auch über ihre Arbeiten Auskunft gibt, haben sich bislang keinerlei Anmerkungen über Werke anderer, befreundeter Künstler, Ausstellungen oder gar ihre Bezugnahme auf zeitgenössische Kunstströmungen finden lassen. Die Forschung steht jedoch noch am Anfang. Gleichwohl lässt sich durch die noch bruchstückhafte Konturierung ihrer Person, Familie, Ausbildung, Netzwerke und vor allem ihr Œuvre bereits dem Bogen ihrer Entwicklung nachspüren. Tina Haim-Wentscher ist nicht ‚ex', sondern neu.

34 Käthe Kollwitz an Hans Kollwitz, 23.11.1917. In: Käthe Kollwitz: *Briefe an den Sohn 1904 bis 1945*, hrsg. v. Jutta Bohnke-Kollwitz. Berlin: Siedler 1992, S. 156–157, hier S. 156.

Käthe Kollwitz

Eine Ästhetik im Spannungsfeld zwischen privatem (Er-)Leben und politischer Agitation

Marina Linares

1. Einleitung: Käthe Kollwitz – eine herausragende Künstlerin ihrer Zeit

Über eine Künstlerin zu schreiben, die schon zu Lebzeiten internationale Beachtung erhielt und deren Werke anhand vielfältiger Betrachtungen bereits gut erforscht sind, ist eine Herausforderung. Käthe Kollwitz (1867–1945) gehörte zum Kreis der Berliner Sezession um die Jahrhundertwende und erzielte mit ihrem ersten Zyklus von Radierungen auf der Großen Berliner Kunstausstellung 1898 große Aufmerksamkeit. Viele ihrer Werke wurden in den ersten Dekaden des 20. Jahrhunderts publiziert und in mehreren Ländern ausgestellt. 1919 wurde Kollwitz als erste Professorin Mitglied der Preußischen Akademie der Künste, wo sie bis 1933 lehrte. Berühmt machten sie ihre Graphik und Plastik, deren formale Entwicklung immer wieder offen war für Neuerungen.

Als Verfechterin sozialkritischer Positionen im Nationalsozialismus unterdrückt, wurde sie in der Nachkriegsrezeption vornehmlich mit politischen Agitationen identifiziert und in der DDR als Klassenkämpferin gefeiert.[1] Erst später setzte eine differenzierte Betrachtung ihres Werkes ein, das stilistisch und technisch divergent ist und über den Sozialen Realismus weit hinausgeht. Deutlich nachweisbar sind Einflüsse der Literatur, die besonders in der Anfangszeit das Werk der Künstlerin inspirierten. Mit ihrer Vorliebe für moderne Bildgattungen erfasste sie innovative Tendenzen ihrer Zeit und bildete einen Stil aus

1 Vgl. Elmar Jansen: Verwandte und unverwandte Nähe. Käthe Kollwitz und Ernst Barlach: Ähnlich gestimmt und doch eigenständig. In: Matthias Rataiczyk (Hrsg.): *Ernst Barlach, Käthe Kollwitz, Otto Pankok – Plastik und Grafik*. Ausstellungskatalog. Halle: Kunstverein Talstrasse 2012, S. 3–7, hier S. 3–4.

vom Naturalistischen ausgehend hin zu dynamischer Expressivität und Abstrahierung – mit Fokus auf dem Menschen, dessen physischem und psychischem Erleben sie bildhaft Ausdruck gab.
Die Beschäftigung mit Käthe Kollwitz ist aus mehreren Gründen reizvoll: Sie war nicht nur eine der herausragenden Künstlerpersönlichkeiten der Moderne, sondern auch eine der ersten Frauen, die selbstbewusst ihre Position in jener noch männlich dominierten Gesellschaft vertraten. Daher erhalten wir eine weibliche Perspektive auf die Welt und die Menschen, insbesondere auf Frau und Kind. Gegenstand dieses Beitrags ist, wie persönliche Erfahrungen und kulturelle Einflüsse die künstlerische Haltung von Käthe Kollwitz zugunsten einer pragmatischen veränderten und wie sich dies in den gewählten Sujets, Ausdrucksmitteln und -medien spiegelt. Biographische Aspekte werden ebenso berücksichtigt wie literarische Einflüsse, insofern sie die Entwicklung der Künstlerin erklären helfen – eine Entwicklung, die für viele Künstler/innen der Moderne repräsentativ ist.

2. Aufbruch – der Weg in die Moderne

Käthe Kollwitz wurde 1867 in Königsberg geboren und studierte ab den 1880er Jahren bis 1890 an Künstlerinnenschulen in Berlin und München, später noch in Paris.[2] Damit fällt ihre Ausbildungszeit in die erste Emanzipationsphase der Künstlerinnen: Vielerorts entstanden Ausbildungsstätten, die den – bis dahin nur Männern vorbehaltenen – Kunstakademien insofern gleichkamen, als oftmals dieselben Lehrer tätig waren.[3] 1884 wurde die erste Ausstellung von Frauen in Amsterdam eröffnet, und zu Beginn des 20. Jahrhunderts setzte sich der Zugang zu Ausbildung, Ausstellungen, Stipendien und Preisen

2 Belegt sind zwei Parisreisen 1901 und 1904, die Kollwitz neue Anregungen in Graphik und Plastik gaben. Vgl. Annette Seeler: Das glückliche Jahrzehnt. Die Kunst von Käthe Kollwitz zwischen 1897 und 1907 – oder Paris und die Folgen. In: Paula Modersohn-Becker-Stiftung (Hrsg.): *Blickwechsel. Käthe Kollwitz, Paula Modersohn-Becker. Zwei Künstlerinnen zu Beginn der Moderne.* Ausstellungskatalog Paula Modersohn-Becker Museum. Bremen: Hauschild 2000, S. 29–40, hier S. 29.

3 1904 besuchte Kollwitz einen Plastikkurs an der Académie Julian. Vgl. Stefanie Rentsch: „An den Vormittagen war ich in der alten Julianschule in der Klasse für Plastik…". Grundlagen der Plastik – Käthe Kollwitz und die Académie Julian. In: Hannelore Fischer / Alexandra von dem Knesebeck (Hrsg.): *„Paris bezauberte mich…". Käthe Kollwitz und die französische Moderne.* Köln: Hirmer 2010, S. 177–189.

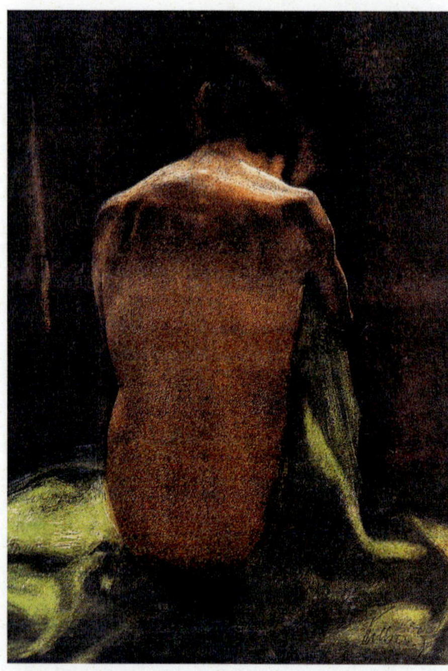

Abb. 1
Käthe Kollwitz: *Weiblicher Rückenakt auf grünem Tuch*, 1903, Kreide- und Tusche-Lithographie mit Schabtechnik in drei Farben (dunkelblauer Zeichenstein, zwei Tonsteine in Grün und Ockerfarben, jeweils partiell mit Schabtechnik bearbeitet), überarbeitet mit farbigen Kreiden, 62,6 x 47,2 cm.

zunehmend durch.[4] In die Kunstmetropole Paris kamen um 1900 viele Künstler/innen und studierten – sofern keine Aufnahme in die staatliche Akademie möglich war – an Privatschulen wie der Académie Julian oder der Académie Colarossi.[5]

Käthe Kollwitz besuchte als eine von wenigen Frauen Kurse für Plastik an der Académie Julian und wandte sich damit bewusst von der Malerei ab. Obwohl sie in Deutschland Malerei studiert hatte, entschied sie sich früh gegen diese (traditionell höchst geschätzte) Gattung und für

4 Vgl. Uta Grosenick: It's a Woman's World. In: Dies. (Hrsg.). *Woman Artists. Künstlerinnen im 20. und 21. Jahrhundert*. Köln: Taschen 2001, S. 14–17, hier S. 14.

5 So studierten an der Académie Colarossi u. a. Ida Gerhardi, Alphonse Mucha, Paul Gauguin, Paula Modersohn-Becker, Camille Claudel oder Lyonel Feininger. An der etwas teureren Académie Julian, für die sich Kollwitz entschied, waren bereits Künstler der Gruppe der Nabis, Ernst Barlach, Lovis Corinth, Georg Kolbe, Max Slevogt oder Maria Bashkirtseff (Pseudonym Pauline Orell) gewesen. Vgl. Alexandra von dem Knesebeck: „Mein zweimonatiger Aufenthalt war, wie Sie sich denken können, wundervoll." Die zweite Parisreise von Käthe Kollwitz. In: Dies. / Fischer (Hrsg.): „*Paris bezauberte mich …*", S. 107–135, hier S. 110–111; Rentsch: „An den Vormittagen war ich in der alten Julianschule in der Klasse für Plastik …", S. 177–184.

innovative Bildmedien, die sich im Zuge technischer Reproduktionsverfahren etablierten. Sie wählte meist figurative und städtische Motive, experimentierte in Zeichnung, Radierung und Lithographie. Bereits ihr erstes anerkanntes Werk, *Ein Weberaufstand*[6], war formal bewusst uneinheitlich in Bildform, Stil und Format. Durch den Einfluss der französischen Moderne[7] variierte sie zudem ihre Drucke farbig: teils monochrom, teils polychrom mit Druckvorgängen mehrerer Farben oder auf farbigen Papieren, teils mit ausgekratzten Lichtern.[8] (Abb. 1)
Auch die Motivwahl war alles andere als an traditionellen Sujets orientiert, sondern geprägt vom Hier und Jetzt jener Zeit, vom großstädtischen Leben. Bereits in der Zeit vor 1900 ließ sie sich von Menschen aus dem einfachen Volk inspirieren und schätzte – im Gegensatz zur bourgeoisen Gesellschaft – deren natürliche Ausdrucksweise, wie sie rückblickend berichtete:

> Das eigentliche Motiv aber, warum ich von jetzt an zur Darstellung fast nur das Arbeiterleben wählte, war, weil die aus dieser Sphäre gewählten Motive mir einfach und bedingungslos das gaben, was ich als schön empfand. Schön war für mich der Königsberger Lastträger, schön waren für mich die polnischen Jimkies auf ihren Witinnen, schön war die Großzügigkeit der Bewegungen im Volke. Ohne jeden Reiz waren mir Menschen aus dem bürgerlichen Leben.[9]

Nicht zuletzt angeregt durch Èmile Zola zeichnete sie in den 1880er Jahren in Hamburg Milieuszenen, so die Streitszene aus Zolas Bergarbeiterroman *Germinal* (Abb. 2) in einer realen Kneipe situiert, in der die Zeichnerin vormittags Studien anfertigen durfte.[10] Als Kollwitz Anfang des 20. Jahrhunderts das Pariser Nachtleben besuchte[11] und ähnlich wie Henri de Toulouse-Lautrec oder Edvard Munch

6 *Ein Weberaufstand*, Zyklus von sechs Radierungen, verschiedene Formate, 1893/97.

7 Die französische Moderne war tonangebend für die übrigen Länder und wurde bereits um die Jahrhundertwende in Berlin gezeigt. Käthe Kollwitz kannte nachweislich viele Werke noch vor ihren Parisreisen 1901 und 1904, sodass das Moderne bereits ihr Frühwerk prägte.

8 Vgl. Hannelore Fischer: „Ich machte damals alle möglichen Experimente …". In: Dies. / von dem Knesebeck (Hrsg.): *„Paris bezauberte mich …"*, S. 9–14.

9 Käthe Kollwitz: Rückblick auf frühere Zeit. In: Dies.: *Die Tagebücher*, hrsg. v. Jutta Bohnke-Kollwitz. Berlin: Siedler 1989, S. 741.

10 Vgl. Käthe Kollwitz an Paul Hey, 26.02.1891. In: Käthe Kollwitz: *Briefe der Freundschaft und Begegnungen*, hrsg. v. Hans Kollwitz. München: List 1966, S. 19–21, hier S. 21.

11 Vgl. Von dem Knesebeck: „Mein zweimonatiger Aufenthalt in Paris war, wie Sie sich denken können, wundervoll", S. 111–121.

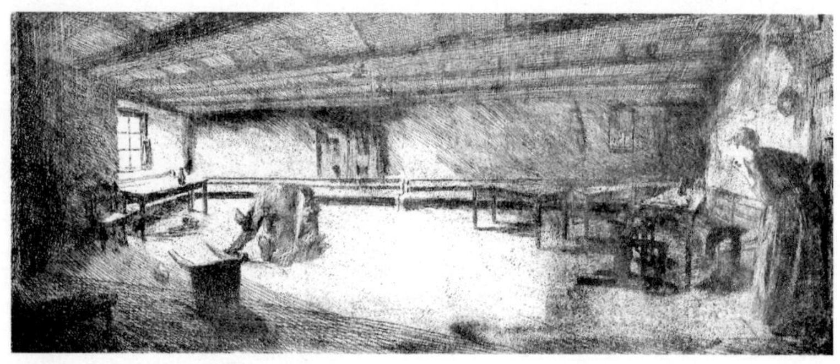

Abb. 2: Käthe Kollwitz: *Szene aus Germinal*, 1893,
Radierung (Nadelätzung mit Schmirgel) und Kaltnadel, mit Plattenton
gedruckt auf leicht rötlichem Kupferdruckpapier, 23,7 x 52,6 cm / 30,2 x 59,3 cm.

Studien machte, waren diese dem neuen Realismus-Ideal verpflichtet, ohne die Intention, eine literarische Vorlage zu illustrieren.
Literarische Einflüsse inspirierten besonders ihr Frühwerk wie den *Weberaufstand* nach Gerhart Hauptmanns *Die Weber* (Abb. 3) oder den *Bauernkrieg* nach Wilhelm Zimmermanns *Geschichte des Bauernkrieges*.[12] Die äußerst gebildete Frau kannte klassische sowie neue Literatur und besuchte regelmäßig aktuelle Ausstellungen, Theaterstücke,[13] Konzerte und Opern, wie ihrem Tagebuch zu entnehmen ist. Dort zitierte sich auch Textpassagen, die sie besonders ansprachen (z. B. von Friedrich Nietzsche oder August Strindberg[14]). Später notierte sie in ihrem tabellarischen Lebenslauf, wer sie besonders beeinflusste: Zola, Hauptmann, Arno Holz, Fjodor Michailowitsch Dostojewski, Lef Nikolajewitsch Tolstoi.[15] Dennoch treten in ihren Werken literarische Anregungen nach der Jahrhundertwende zugunsten eines authentischeren Realismus sowie ab der zweiten Dekade des 20. Jahrhunderts zugunsten des Expressionismus zurück.

12 Vgl. *Meisterwerke von Käthe Kollwitz*. Text: Werner Timm. München: Schirmer 1993, S. 9–13.

13 Z. B. Stücke von Gerhart Hauptmann, Frank Wedekind, Georg Kaiser, Ernst Barlach.

14 Vgl. Käthe Kollwitz: Tagebuch-Einträge vom 15.10.1909 u. [Mitte] Mai 1913. In: Dies.: *Die Tagebücher*, S. 59, 124.

15 Kollwitz erstellte einen eigenhändigen tabellarischen Lebenslauf (Tinte und Bleistift, 1921/22, Kunstsammlungen der Veste Coburg) für Ludwig Kaemmerer, in dem sie „Literatur Einflüsse" vermerkte. Vgl. Alexandra von dem Knesebeck: „Le beau, c'est le laid." Käthe Kollwitz und die Diskussion um die „Moderne". In: Dies. / Fischer (Hrsg.): *„Paris bezauberte mich …"*, S. 63–81, hier S. 66.

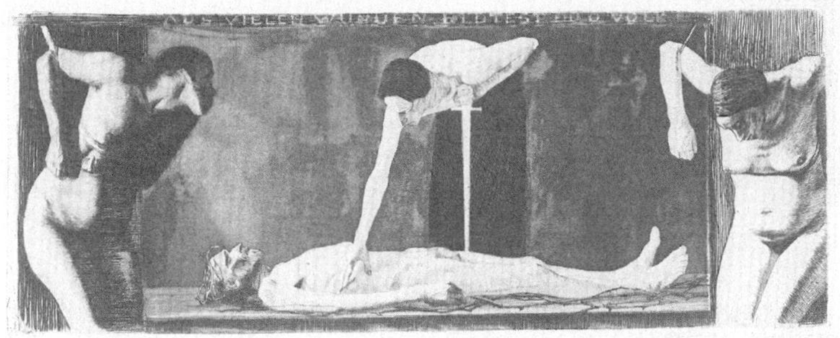

Abb. 3: Käthe Kollwitz: *Aus vielen Wunden blutest Du, o Volk*, zwischen 1893 und 1897, Nadelätzung, Kaltnadel, Aquatinta und Polierstahl, 12,9 x 33,5 cm.

3. Umbruch – der Übergang zur expressiven Formensprache

Die Veränderung betraf insofern nicht das Motiv als Gegenstand, sondern die Einstellung dazu. War das Interesse am Proletarierleben anfangs ästhetischer Natur, intensivierte sich die Empathie aufgrund persönlicher Erfahrungen. Da ihr Mann Karl Kollwitz eine kassenärztliche Praxis in einem Arbeiterviertel führte, war die Künstlerin mit jenen Schicksalen unmittelbar konfrontiert: Überlastung, Armut, Hunger, Krankheit, Arbeits- und Obdachlosigkeit nebst deren Folgen – Kollwitz kannte die Sorgen und Nöte, die sie einfühlsam und pointiert in ihren Bildern ausdrückte. Einige Blätter (Abb. 4) publizierte sie im *Simplicissimus* 1908–1911, weitere in den 1920er Jahren. Für die Satirezeitschrift, die 1906 eine Auflage von 100.000 Exemplaren hatte, agierte sie als freie Mitarbeiterin neben bekannten Satirikern wie Théophile Alexandre Steinlein, Heinrich Zille oder Ernst Barlach.[16]

Hierin kann der Anfang gesehen werden, ihre Kunst für politische Agitationen zu nutzen und Bilder als Massenmedium zu verbreiten. Kollwitz war sich der erforderlichen ästhetischen Ansprüche durchaus bewusst:

> Das Rasch-fertig-sein-Müssen, die Notwendigkeit, eine Sache populär ausdrücken zu müssen, und doch die Möglichkeit – da es doch eben für den Simpel ist –, künstlerisch bleiben zu können, vor allem aber die Tatsache, vor einem großen Publikum des öfteren aussprechen zu können, was mich immer wieder

16 Vgl. Helga Schmengler: *Der Simplicissimus in der Kaiserzeit – Käthe Kollwitz und die Satire zur sozialen Frage*. Ausstellungskatalog. Köln: Käthe Kollwitz Museum 1999, S. 2–9, hier S. 2, 6.

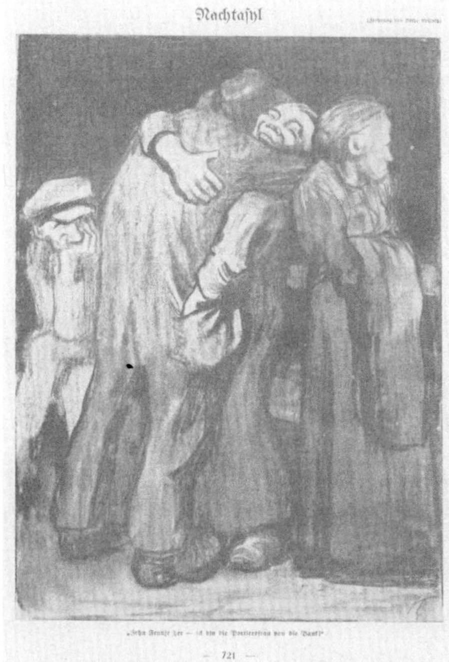

Abb. 4
Käthe Kollwitz:
Nachtasyl – „Zehn Fennige her – ich bin die Portiersfrau von die Bank", 1911.

> reizt und was noch lange nicht genug gesagt worden ist: die vielen stillen und lauten Tragödien des Großstadtlebens – das alles zusammen macht, daß mir diese Arbeit außerordentlich lieb ist.[17]

Die meist dunkel gehaltenen Zeichnungen konzentrieren Szenen auf wenige Menschen in ausschnitthafter Umgebung. Damit weichen sie von den Zyklen oder Genredarstellungen um die Jahrhundertwende ab. Zunehmend fokussierte die Künstlerin die Figur – eine Entwicklung von der Wiedergabe äußerer Erscheinungen hin zum Ausdruck inneren Geschehens und körperlichen Erlebens. Es war ihr Weg zu einer affektvollen Darstellungsweise, die bei den späteren Plakaten noch radikalisiert wird.

Die Reduktion auf die Figur bietet zugleich die Option der Umsetzung in die Plastik. Erste Anregungen, nicht zuletzt von Auguste Rodin,[18]

17 Käthe Kollwitz an Beate Bonus-Jeep, o. D. In: Beate Bonus-Jeep: *Sechzig Jahre Freundschaft mit Käthe Kollwitz*. Bopppard: Rauch 1967, S. 99–103, hier S. 102.

18 Käthe Kollwitz an Hans Kollwitz, 23./24.11.1917. In: Dies.: *Die Tagebücher*, S. 827: „Ich durfte ihn vor Jahren zwei mal sehen. [...] Worin lag das Zwingende, Überzeugende, leidenschaftlich Hinreißende seiner Schöpfungen? [...] Der Mensch Rodin,

erhielt Kollwitz in Paris 1904, die aber erst später zur Realisierung führten. Ab Ende der ersten Dekade ist plastisches Arbeiten bezeugt: Kollwitz modellierte ihre beiden Söhne,[19] die auch für ihre Graphik mehrfach als Modelle dienten (u.a. im *Weberaufstand* und im *Bauernkrieg*).[20] In der Tradition von Fritz von Uhde oder Max Liebermann[21] waren Kinder häufiges Motiv, das hier in Mutter-Kind-Gruppen der reifen Phase kulminierte. Die Zeit um 1910 war eine Phase bildtechnischer Neuerungen: „Es ist mir so zu Mut, als ob ich mit dem Radieren jetzt fertig wäre und als ob ein zweites Leben nun mit der Plastik beginnen sollte."[22] Tatsächlich war der Soldatentod ihres Sohnes 1914 Anlass für ihre erste Plastik – ein Mahnmal trauernder Eltern.

Plastik, ob Stein oder Bronze, unterscheidet sich von Bildern durch die reale, materiale Gestalt. Sie ist beständig, unwandelbar und daher das ideale Medium für überzeitliche, archaische Themen wie Tod, Trauer, Mutterliebe, Schmerz. Hatte die Künstlerin zuvor die Nöte anderer Mütter in vielfältigen Variationen mit kranken und toten Kindern ausgedrückt,[23] so war es nun ihr eigenes, privates Leben und Erleben, das sich mit ihrer Kunst verband. Auffällig ist, dass sich jene Motivvariationen auf alle Bildmedien erstrecken, die Kollwitz gestaltete (wie das Mutter-Kind-Motiv als Zeichnung, Radierung, Lithographie, Holzschnitt, Plastik). Betrachten wir die biographische lebenslange Entwicklung ihres Werkes, so können wir deutliche Verdichtungen und Steigerungen der Ausdrucksformen hin zu entindividualisierten Figuren erkennen.

der seelische Inhalt seiner Werke, die Form, die er schuf, sind eins. Auch eins mit seiner Wirkung, die beim Anschauen der Werke auf den Beschauenden überströmt."

19 Käthe Kollwitz: Tagebuch-Eintrag vom 20.08.1909. In: Dies.: *Die Tagebücher*, S. 47: „An den Nachmittagen modelliere ich Hans. Peter ebenfalls."

20 Vgl. Alexandra von dem Knesebeck: *„...mit liebevollen Blicken...". Kinder im Werk von Käthe Kollwitz*, Ausstellungskatalog. Köln: Käthe Kollwitz Museum 2007, S. 11–15.

21 Vgl. ebd., S. 2–5.

22 Käthe Kollwitz an Hans Kollwitz, 25.06.1911. Stiftung Archiv der Akademie der Künste, Berlin, zit. n. Ursula Weber-Woelk: *„Seit dem ich in Holz schneide lockt da vieles." Der Holzschnitt bei Käthe Kollwitz*. Ausstellungskatalog. Köln: Käthe Kollwitz Museum 2001, S. 2.

23 Z.B. *Frau in der Wiege* (Radierung, 1897), *Tod* (Blatt 2 aus *Weberaufstand*, 1897), *Mutter und toter Sohn* (Radierung, 1903), *Frau mit totem Kind* (Radierung, 1903), *Überfahren* (Radierung, 1910), *Kinderelend* (Federzeichnung, um 1920) oder *Hunger* (Holzschnitt, 1922), *Kindersterben* (Holzschnitt, 1926).

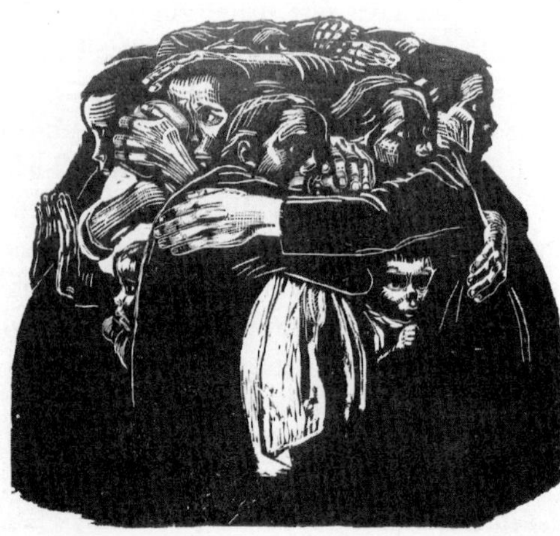

Abb. 5
Käthe Kollwitz:
Die Mütter, Blatt 3 der Folge *Krieg*, 1922/23, Holzschnitt auf gelblichem Velin-Bütten, 34,2 x 39,8 cm / 42,5 x 54 cm.

Die Hinwendung vom Graphischen zum Plastischen kann über formale Gemeinsamkeiten des Hell-Dunkel (Konvex-Konkav) sowie der Reduktion auf die Figur, auf den Körper selbst erklärt werden. Insbesondere die Figurengruppen aneinander gedrängter, oftmals umklammerter Mütter und Kinder beinhalten massives plastisches Potential, das ins Dreidimensionale drängt. Dennoch dürfen die Graphiken nicht als Vorstudien verstanden werden, da jedes Medium über seine Technik eigene Ausdruckswerte besitzt. (Abb. 5 & 6) Dies beweist der Holzschnitt, dem sich Kollwitz angeregt von Ernst Barlach um 1920 zuwandte: „Ich verkrieche mich hinter den vielen Hindernissen und wie ich Barlach sah ging es mir blitzartig auf, daß es vielleicht gar nicht das ist. [...] Soll ich wie Barlach einen ganz neuen Versuch machen und mit Holzschnitt beginnen?“[24]

Die historische Technik des Holzschnitts wurde von der Avantgarde wiederentdeckt und als „Urmedium politischer Graphik“[25] von vielen Expressionisten erprobt (z. B. Ernst Ludwig Kirchner, Christian Rohlfs, Emil Nolde oder Franz Marc). Käthe Kollwitz fand bald zu eigenen Bildlösungen mit schwarzen und weißen Linien. Die Vorliebe, das Motiv

24 Käthe Kollwitz: Tagebuch-Eintrag vom 25.06.1920. In: Dies.: *Die Tagebücher*, S. 476.

25 Werner Schmidt: Käthe Kollwitz. Das Leiden, wo es am tiefsten, wo es am erhabensten ist. In: *Käthe Kollwitz und Ernst Barlach. Das ist alles ohnemaßen wirklich.* Ausstellungskatalog. Göppingen: Kunsthalle 2004, o. P.

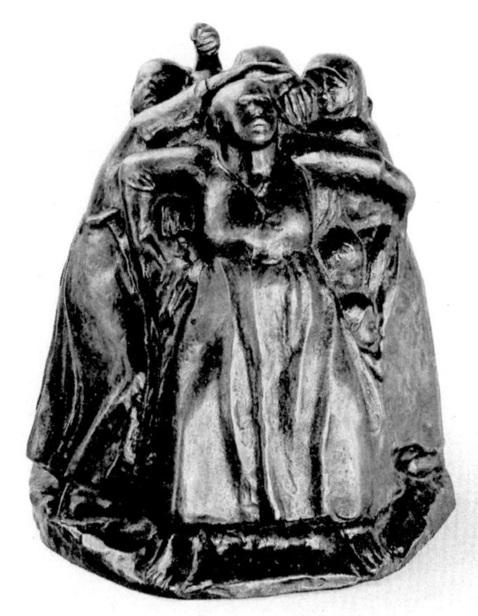

Abb. 6
Käthe Kollwitz:
Turm der Mütter, 1937/38,
Bronze (Guss 1985),
H. 27 cm, B. 27,5 cm, T. 28 cm.

im Dunkeln zu halten und nur Gesicht und Hände herauszuarbeiten, stammte aus den Portraits aus ihrer Phase vor 1900[26] – nun setzte sie anstelle malerischer Übergänge scharfe Kontraste, praktisch die Figur auf die Ausdrucksträger reduzierend und den Körper negierend hin zur dynamisch-expressiven Gestalt. Sie setzte das Medium für die Bildfolge *Krieg* (Abb. 7) ein, an der sie schon länger arbeitete und zahlreiche Zeichnungen in Radierung und Lithographie übertragen hatte.[27]

4. Ausbruch: Handlung in der Kunst – Kunst des Handelns

Zu unterscheiden sind bei dem Werk Motiv, Ausdrucksform (in Abhängigkeit vom Bildmedium) und Repräsentationsform. Über den Druck ließen sich Zeichnung und Graphik als Massenmedien und damit als agitatives Mittel einsetzen. Die engagierte Künstlerin nutzte neben Publikationen in sozial-kritischen Periodika das Plakat für ihre Intentionen. Ganz im Gegensatz zur l'art-pour-l'art-Einstellung war sie

26 Eine ähnliche Hell-Dunkel-Gestaltung findet sich in Bildern von Henri Fantin-Latour, George Seurat oder Eugène Carrìere. Vgl. Alexandra von dem Knesebeck: „Le beau, c'est le laid", S. 63–81, hier S. 69–76.

27 Vgl. Weber-Woelk: *„Seit dem ich in Holz schneide lockt da vieles."*, S. 6.

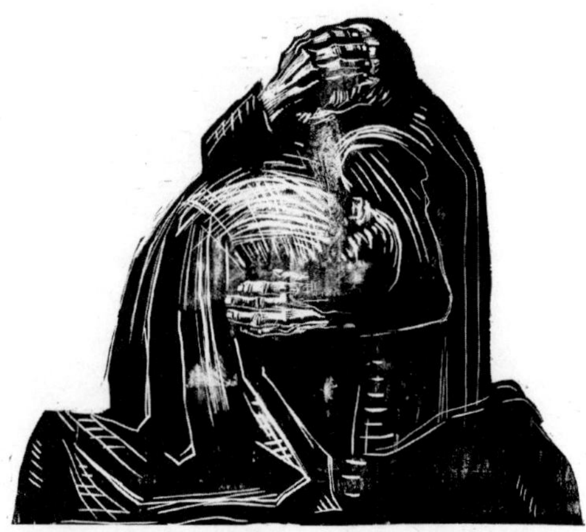

Abb. 7
Käthe Kollwitz:
Die Eltern, Blatt 3
der Folge *Krieg*, 1923,
Holzschnitt auf transparentem, dünnen,
glatten Papier
(pergamentartig),
35 x 42,2 cm /
37,2 x 56,5 cm.

wie viele andere expressionistische Künstler/innen und Autor/innen[28] an einer Veränderung gesellschaftlicher Verhältnisse interessiert und sah Kunst als Mittel zur Kommunikation, Kritik und Pragmatik. Vielfach erhielt sie Aufträge, mit ihren Bildern soziale Anliegen zu unterstützen. Sie schrieb 1922: „Ich bin einverstanden damit, daß meine Kunst *Zwecke* hat. Ich *will wirken* in dieser Zeit, in der die Menschen so ratlos und hilfsbedürftig sind."[29]

Aufgewachsen in einem sozialistisch geprägten Elternhaus und über Erfahrungen der Lebensverhältnisse in Berlin und des Krieges bestärkt, gestaltete sie Plakate zu Versammlungen, Spendenaktionen und anderen Kampagnen in Berlin, Deutschland und Ausland.[30] Die Künstlerin ergriff Partei – Kunst griff ins Leben. Dennoch war ihre Haltung zu Plakat-Aktionen ambivalent:

28 Viele Expressionist/innen sahen in ihrer Kunst die Möglichkeit, über die kritische Auseinandersetzung mit den Problemen der Zeit Handlungsperspektiven aufzuzeigen zur Vorbereitung einer revolutionären Veränderung, siehe Heinrich Mann: *Geist und Tat* (1910). In: Ders.: *Macht und Mensch*. München: Wolff 1919, S. 1–11. Vgl. Wilhelm Krull: *Prosa des Expressionismus*. Stuttgart: Metzler 1984, S. 68–70.

29 Käthe Kollwitz: Tagebuch-Eintrag vom 04.12.1922. In: Dies.: *Die Tagebücher*, S. 542.

30 Z. B. *Für Groß Berlin* (Plakat und Spendenpostkarte, 1912), *Für Wiens hungernde Kinder* (Plakat, 1920), *Helft Russland!* (Plakat, 1921), *Die Überlebenden. Krieg dem Kriege* (Plakat für den Internationalen Gewerkschaftsbund in dänischer Sprache, 1923).

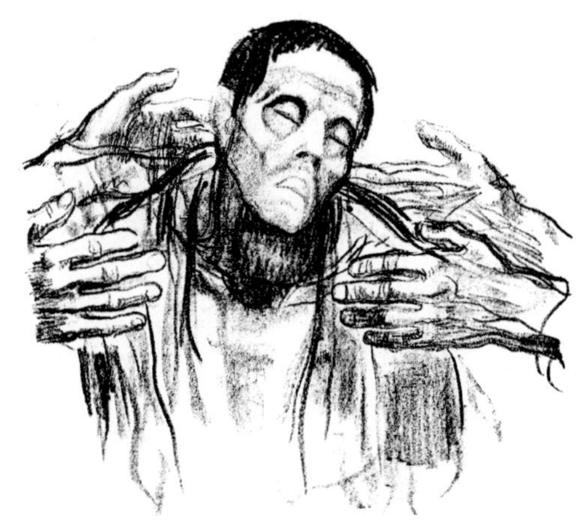

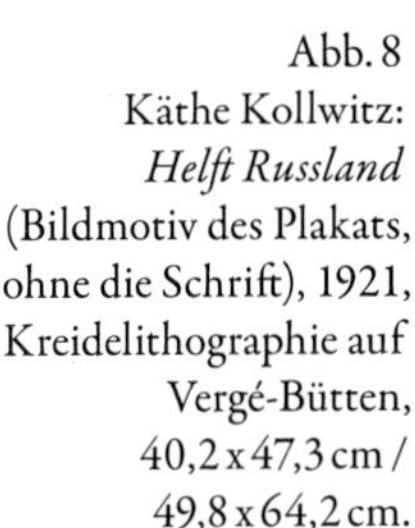

Abb. 8
Käthe Kollwitz:
Helft Russland
(Bildmotiv des Plakats, ohne die Schrift), 1921, Kreidelithographie auf Vergé-Bütten, 40,2 x 47,3 cm / 49,8 x 64,2 cm.

> *12. September 1921* […] Die Russenhilfe. Arbeite mit den Kommunisten gegen den fürchterlichen Hunger in Rußland. Bin damit wieder ins Politische hineingezogen ganz gegen meinen Willen. Hab ein Plakat [Abb. 8] gemacht, einen zusammenbrechenden Mann, dem sich helfende Hände entgegenstrecken. Es ist gut – Gott sei Dank.[31]

Die Widersprüchlichkeit lässt sich über die politische Haltung und über die Ästhetik erklären. Wie bei Zeichnungen für den *Simplicissimus* ist beim Plakat der Adressatenbezug zu beachten, d. h. eine werbewirksame, leicht verständliche Bildsprache geboten. So verwandte Kollwitz hier entgegen der kontrastreichen, abstrahierten Ästhetik ihrer expressionistischen Periode eher einen naturalistischen, ‚volkstümlichen' Stil. Auch ihre Hinwendung zur christlichen Ikonographie[32] kann über die kommunikative Absicht erklärt werden.

Insofern ist das Gesamtwerk nicht nur durch das Nacheinander, sondern auch durch ein Nebeneinander stilistischer Entwicklungen gekennzeichnet. Fast klassisch mutet das Bestreben an, ein Geschehen, ein Erleben in einem Moment maximaler Verdichtung darzustellen – wogegen Zyklen eher ein modernes, serielles Prinzip erkennen lassen. Es zeigt sich eine Polarität zwischen verdichteter Zeit in einem

31 Käthe Kollwitz: Tagebuch-Eintrag vom 12.09.1921. In: Dies.: *Die Tagebücher*, S. 508.

32 Anlehnungen an die christliche Ikonographie finden sich in allen Werkphasen, z. B. *Aus allen Wunden blutest Du, o Volk* (Beweinung, Kalvarienberg), *Pieta* (Pieta), zahlreiche Vorbilder von Madonnen mit Kind.

fixierten Moment, besonders augenscheinlich in den blockhaft verschmolzenen Figuren ihrer Plastik, und dem Zeitverlauf in einer Bildfolge. Serien schuf die Graphikerin über die gesamte Werkphase hinweg, die neben der Plastik das Hauptwerk ausmachen: *Ein Weberaufstand*, *Bauernkrieg*, *Krieg* (Holzschnitte, 1922/23), *Abschied und Tod* (Zeichnungen, 1924) oder *Tod* (Lithographien, 1934–1937). Literatur, Drama, Historie oder Bildfolgen wie der Totentanz[33] – Kollwitz bevorzugte erzählende Darstellungen und transformierte sie ins visuelle Medium, entwickelte ein Bildgeschehen zwischen Sukzessiv- und Simultandarstellung. Kognitiv betrachtet schließen ihre kreativen Prozesse Kulturrezeption, Bildgenese, Handlungskonzept, multimodale Kodierungen und Transformationen der Repräsentation ein.[34] Wie in einem Brief an den Sohn zu lesen ist, scheint sie sogar dem Sequentiellen den Vorzug zu geben:

> Trotz der intensiven Arbeit, die der Musiker leistet, hat man doch nur von den 2 Künsten, der Poesie und der Musik den Eindruck direkter göttlicher Eingebung und Offenbarung. Hat auf mich je ein Bild oder eine Plastik so gewirkt wie Faust oder die Neunte? Bei der Musik ist ja doch auch der Weg ein weiter von der ersten Konzeption bis zur Vollendung, die Mühe ist wohl mindestens dieselbe. Die Wirkung auf die anderen Menschen ist aber ungleich intensiver.[35]

Handlung erhält damit einen zentralen Stellenwert, als bildhafte Akzentuierung eines Moments im Handlungsverlauf über die ständigen, ihr Werk begleitenden Reflexionen ihres künstlerischen Handelns bis zum Handeln mit ihrer Kunst im Zeitgeschehen. Der pragmatische Aspekt ist damit innerhalb der Kunst und der Künstlerposition von Kollwitz in der Gesellschaft gleichermaßen offensichtlich.

5. Zusammenfassung und Ausblicke

Die Betrachtung zeigt, dass Käthe Kollwitz im Laufe ihres Lebens mehrere Stile entwickelte, von naturalistischer bis zur expressionistischen

33 Vgl. Käthe-Kollwitz-Museum Berlin (Hrsg.): *Käthe Kollwitz – Schmerz und Schuld: eine motivgeschichtliche Sammlung*. Ausstellungskatalog. Berlin: Gebr. Mann 1995, S. 155–156.

34 Die Kognitionsforschung geht von verschiedenen modalen Kodierungen mentaler Repräsentation aus. In Anlehnung an Allan Paivio: *Mental Representations. A Dual Coding Approach*. New York: Oxford UP 1986, oder ders.: *Images in Mind. A Revolution of a Theory*. New York: Harvester Wheatsheaf 1991, gibt es heute mehrere Modelle, die visuelle gleichrangig neben verbalen Repräsentationen postulieren.

35 Käthe Kollwitz an Hans Kollwitz, 15.10.1916. In: Dies.: *Briefe an den Sohn 1904 bis 1945*, hrsg. v. Jutta Bohnke-Kollwitz. Berlin: Siedler 1992, S. 130.

und stark abstrahierten Ausdrucksform. Im Sinne einer „antizipierenden Widerspiegelung“[36] ließen sich Einflüsse persönlicher Lebenserfahrungen, besonders der Proletarier-‚Tragödien‘, der Kultur allgemein sowie die ästhetische Auseinandersetzung mit der Bildkunst aufzeigen. Deutlich wurde eine Polarität zwischen stilistischer Vielfalt in Technik und Medium gegenüber inhaltlich-thematischer Konzentration. Im Fokus steht der Mensch, sein Leben und Erleben, von Kollwitz persönlich gesehen und erfahren. Der Blick wechselt von außen nach innen: genrehaften Szenen werden zunehmend auf die Figur, vornehmlich auf Mutter-Kind-Beziehungen reduziert.

Das Werk verdichtet sich damit zu allgemein-menschlichen Themen, zu archaischen Urzuständen – Tod und Leben, wobei Mütter und Kinder als Gegenpol zu Krieg und Zerstörung fungieren. Erklärungsmodelle, die das Werk auf Verhaltensspuren im Sinne der Psychologie reduzieren wollen, greifen zu kurz. Intensivierter Affektausdruck darf nicht mit starker Affektivität der Künstlerin verwechselt werden; es handelt sich nicht um Erzeugnisse des Unbewussten, sondern um bewusst intendierte und reflektierte Werke, wie persönliche Zeugnisse belegen. Briefe, Tagebücher und offizielle Statements zeigen, wie sehr Kollwitz Bildproduktion und -rezeption reflektiert. Die umfangreichen Quellen, im Umfang mehrerer Bände, erlauben Rückschlüsse auf die Werkgenesis sowie auf kreative Prozesse.

Auffällig ist die Nähe zu sukzessiven Ausdrucksmedien, insbesondere zur Sprache. Gerade die Verbalisierung ihres eigenen und fremden Werkschaffens, die teils schon die Qualität kleinerer Rezensionen erreicht, bezeugt die bewusste Reflexion. Diese kann und sollte hinsichtlich einzelner Werke noch weiter untersucht werden. Die reflektierte Vorgehensweise zeigt sich im Einsatz massenkompatibler Formen und Formeln sowie in der pragmatischen Intention, über ihre Kunst Einfluss auf das Zeitgeschehen zu nehmen. Auch das serielle Vorgehen ihrer Bildfolgen verweist auf ein konzeptionelles Denken, das über die Arbeit am Bild als materiell-sinnliches Phänomen hinausgeht. Das Werk ist damit geprägt von affektiver Expression und geplanter Konzeption, von Agitation und Reflexion.

36 B. Runin: Der schöpferische Prozeß in evolutionärer Sicht. In: Mechthild Curtius / Ursula Böhmer (Hrsg.): *Seminar: Theorien der künstlerischen Produktivität.* Frankfurt am Main: Suhrkamp 1976, S. 220–237, hier S. 220–221.

Weibliche Wirkungsmöglichkeiten in der Architektur

Margaret Staal-Kropholler, eine weibliche Ausnahmeerscheinung in der niederländischen expressionistischen Architektur

Rixt Hoekstra

2004 hat die amerikanische Architekturhistorikerin Mary McLeod das fast vollständige Verschwinden einer feministischen Architekturgeschichte festgestellt. McLeod zufolge ist die Flut an interessanten Publikationen in diesem Bereich an ein Ende gekommen; wissenschaftliche Schulen scheinen nunmehr neue Themen wie Nachhaltigkeit oder Digitalisierung gegenüber Gender und Architektur zu bevorzugen. Dabei nimmt McLeod an, dass ausgerechnet der Erfolg der Gender Studies in der Architekturwissenschaft zu diesem Niedergang beigetragen haben könnte. Die Namen der ehemals vergessenen Architektinnen sind wieder im Gespräch, die männlichen Helden der Architektur sind von ihrem Thron gestürzt worden und die Diskriminierung wurde aufgedeckt.[1] Wenn McLeods These stimmt, warum sollte man sich dann noch mit der Rolle der Frauen in der Architektur befassen? Ein Grund ist darin zu sehen, dass Architektinnen im Gegensatz zu McLeods Behauptung nach wie vor schlecht erforscht sind.

Die Beschäftigung mit der niederländischen Architektin Margaret Staal-Kropholler (1891–1966) ist ein solcher Fall. Tatsächlich gilt Staal-Kropholler allgemein als die erste weibliche Architektin mit einem bescheidenen Œuvre an Bauwerken in den Niederlanden. Trotzdem dauerte es nach ihrem Tod mehr als 20 Jahre, bis die erste ernsthafte wissenschaftliche Studie zu ihr erschien: Die 1990 publizierte Monographie *Margaret Staal-Kropholler. Architect* enthält, basierend auf Archivmaterial, eine genaue Untersuchung von Leben und Werk Staal-Krophollers.[2] Während das Buch sicherlich eine Lücke füllte, ließ es doch eine Reihe von Fragen unbeantwortet. Zum Beispiel warf das

1 Mary Mc Leod: Perriand: Reflections of Feminism and Modern Architecture. In: *Harvard Design Magazine* 20 (2004), S. 64–67, hier S. 64.

2 Marga Kuperus / Marga van Kessel: *Margaret Staal-Kropholler. Architect 1891–1966*. Rotterdam: Uitgeverij 010 1991.

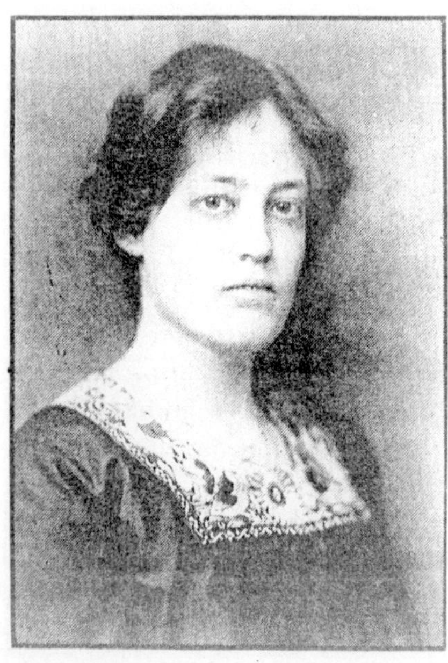

Abb. 1
Portrait von Margaret Kropholler.

Buch die Frage nach der Existenz einer typisch weiblichen Architektur auf. Bezeichnenderweise hat sich die Wissenschaft seit 1990 nur sehr zurückhaltend mit Staal-Kropholler befasst; nur eine Handvoll weitere Studien sind erschienen.[3]

Wie ich im Folgenden ausführen werde, entwickelte sich Margaret Staal-Krophollers Karriere in einem Spannungsfeld zwischen den Möglichkeiten, die sich ihr in ihrem baukünstlerischen Umfeld boten, und den Kämpfen, die sich aus ihrer Sonderstellung als weibliche Architektin ergaben. Aus dieser Position heraus sah sich Staal-Kropholler in der Pflicht, sich aktiv für die Frauenemanzipation einzusetzen: Sie verzichtete auf Kritik an den kulturellen Stereotypen von Häuslichkeit und von der Rolle der Frau in diesem Zusammenhang, aber sie sah es als

3 Im Mai 2015 schrieb Merel Nijhuis ihre MA-Arbeit über das Thema *Margaret Staal-Kropholler (1891–1966): Architect and Trailblazer? Research into Female Pioneers of Dutch Architecture.* Universiteit Leiden 2015. Einzusehen unter: www.atria.nl/search/collectie/book/bekijk/110795 (Zugriff am 17.05.2015). 2014 erstellten Wilma Kuijvenhoven und Magda Augusteijn einen Dokumentarfilm über Margaret Staal-Kropholler mit dem Titel *Vanuit het Gezichtpunt der bruikbaarheid.* Einsehbar unter: www.studiovermeer.nl (Zugriff am 17.05.2015). Vgl. auch Marjan Groot: *Vrouwen in de Vormgeving 1880–1940.* Rotterdam: Uitgeverij 010 2007.

ihre Aufgabe, Wohnhäuser zu entwerfen, die aufgrund ihres Designs die häusliche Schufterei der Frauen verringern sollten. In diesem Aufsatz werde ich mich der Frage widmen, wie die genannte Spannung das Werk Staal-Kropholler innerhalb der Amsterdamer Schule bestimmte. Dabei werde ich erstens darlegen, dass die sogenannte ‚Amsterdamer Schule' mit ihrem besonderen Charakter niederländischer expressionistischer Architektur Staal-Kropholler eine wichtige Gelegenheit gab, ihre Karriere voranzutreiben. Im zweiten Teil des Artikels soll geklärt werden, wie Staal-Kropholler Position als Frau zu einer einzigartigen Kombination aus emanzipatorischer Funktionalität und Expressionismus in der niederländischen expressionistischen Avantgarde führte. Wenn auch viele ihrer Ideen besser in die funktionalistische Bewegung zu passen scheinen, die der expressionistischen Architektur folgte, erhielt sie von dieser Bewegung doch paradoxerweise nie dieselben Chancen, wie sie ihr vonseiten der expressionistischen Architekten gegeben worden waren.

Die Amsterdamer Schule

Innerhalb der ohnehin schon eklektizistischen Geschichte des europäischen Expressionismus stellt die Geschichte der sogenannten ‚Amsterdamer Schule' eine faszinierende Ausnahme dar. Diese Bewegung innerhalb der Architektur hatte ihre erste Blüte im kulturellen Klima des Amsterdam des Fin de Siècle, einer Welt, die von entscheidenden Veränderungen politischer, kultureller und materieller Natur geprägt war.[4] Die niederländische Architektur des Expressionismus unterschied sich zudem in verschiedener Hinsicht von ihrem deutschen Pendant. Obwohl es Kontakte zwischen niederländischen und deutschen Architekten wie Bruno Taut, Hans Poelzig und Erich Mendelsohn gab, waren die Kontexte, in denen diese Architekten wirkten, vollkommen verschieden.[5] Vor allem war die Atmosphäre in den Niederlanden um die Jahrhundertwende vom graduellen Übergang von einem *laissez-faire*-Liberalismus zu einer Form des engagierten Sozialismus geprägt. Dieses veränderte politische Klima – die sozialdemokratische Arbeiterpartei stieg zur stärksten sozialistischen Partei der Niederlande

4 Dieser Absatz basiert auf Maristella Casciato: *De Amsterdamse School*. Rotterdam: Uitgeverij 010 1991.

5 Ebd., S. 20.

auf – verstärkte das Interesse an der Wohnsituation der Arbeiterschicht. Gemeinnützige Wohnungsbaugenossenschaften, die sogenannten *woningbouwverenigingen*, wurden gegründet, um Sozialwohnungen zur Verfügung zu stellen; die Identität vieler niederländischer Städte änderte sich durch den Bau von Straßen und Wohnungseinheiten sowie durch die Anlage von Grünflächen. Ein Meilenstein in diesem Prozess war das *Nationale Wohnungsbaugesetz*, das 1901 in Kraft trat.[6] Durch dieses Gesetz versuchte die Regierung, sowohl die Bildung von Slums zu verhindern als auch die Lebens- und Hygienebedingungen in den schnell wachsenden niederländischen Städten zu verbessern. In der Folge kamen in allen größeren niederländischen Städten Wohnbauplanungen in Gang. Ziel dieser Projekte war es nicht nur, Raum für neue Häuser zu schaffen; es ging auch um eine Neuauslotung der Identität moderner Großstädte anhand neuer Wohnungsbauten. Für Planer und Architekten bestand die Herausforderung des Gesetzes von 1901 darin, das Einfamilienhaus durch Wohnblöcke zu ersetzen. Diese Absicht war auch für den Plan zur Expansion des südlichen Teils von Amsterdam zentral, der von Hendrik Petrus Berlage als ‚Plan Süd' 1904 vorgelegt wurde.[7] Im Jahr darauf wurde dieser Plan von den städtischen Behörden genehmigt; er fiel – das ist hier wichtig – in die Hochzeit der Amsterdamer Schule.

Abgesehen von ihrem Bemühen um Schönheit sahen sich die Architekten der Amsterdamer Schule auf diese Weise einer Reihe neuer Herausforderungen gegenüber. Sie konnten sich nicht utopischen, romantischen Visionen oder kurzfristigen artistischen Abenteuern hingeben; von Anfang an waren sie mit den Bedürfnissen realer Menschen konfrontiert. Die Architekten der Amsterdamer Schule waren verantwortlich für eine große Zahl der Häuser, die in Amsterdam, aber auch in anderen Städten während der ersten Hälfte des 20. Jahrhunderts erbaut worden sind. Ihre Kunden waren nicht länger allein Privatpersonen; nun kamen städtische Behörden und Wohnungsbaugenossenschaften als wichtige Geschäftspartner hinzu. Die Architekten der Amsterdamer Schule reagierten auf diese Herausforderungen mit dem Glauben daran, dass Schönheit an sich bereits einen emanzipatorischen Effekt besaß und dass auch ärmere Menschen ein Recht auf ein schönes Zuhause, das mit Ornamenten verziert war, besaßen.

6 Casciato: *De Amsterdamse School*, S. 20–26.
7 Ebd., S. 120–126.

In dieser Atmosphäre entstanden die zentralen Werke der Amsterdamer Schule. Beauftragt von Wohnungsbaugenossenschaften wie De Dageraad (Die Morgenröte) – nutzten Architekten wie Michel De Klerk und Pieter Lodewijk Kramer Designelemente wie die Gestaltung der Ecken, Bewegungseffekte und Dynamiken in den Fassaden, die Behandlung von Backstein wie Lehm, der sich in alle Richtungen formen lässt, und ein Auge für dekorative Details.[8] In dieser gesellschaftlichen und architektonischen Umbruchsphase erhielt Margaret Staal-Kropoller zuerst die Gelegenheit, als Architektin zu arbeiten.

Margaret Staal-Kropollers Anfänge

Margaret Kropholler wurde im Juni 1891 geboren.[9] Sie wuchs in einer Künstlerfamilie auf: So wurde zum Beispiel ihr Bruder Jacobus ein bekannter Architekt. Auch Margaret hatte künstlerisches Talent. Aus diesem Grund besuchte sie nach Abschluss der Volksschule eine spezielle Kunstschule für Mädchen: die Dagteeken- en Ambachtsschool voor Meisjes (Tages-Zeichen- und Kunsthandwerkschule für Mädchen). Die Schule hatte einen schlechten Ruf, weil einige die Bildung für Mädchen eher zweitrangig einstuften.[10] Margaret besuchte verschiedene Zeichenkurse und lernte die klassischen Stil- und Ornamenttheorien kennen. Nach Erhalt ihres Diploms im Jahr 1907 begann sie eine Ausbildung bei Staal & Kropholler, dem Architekturbüro, das ihr Bruder zusammen mit einem Freund ins Leben gerufen hatte. Obwohl Margaret Kropholler auf diese Weise in die Welt die Architektur eintrat, gab sie später an, dass die Wahl des Architektenberufs keine bewusste Entscheidung gewesen sei, sondern sie vielmehr nur die Gelegenheiten genutzt habe, die sich ihr boten.[11] Außerdem waren die Aufgaben, die sie zu erfüllen hatte, eine unmittelbare Fortsetzung dessen, was sie während ihrer Schulzeit gelernt hatte. Margaret entwarf Stoffe und Möbel, Tapeten, Teppiche und Lampenschirme. Trotzdem wurde ihr Talent

8 Ebd., S.133–139.

9 Dieser Absatz basiert auf Kuperus / van Kessel: *Margaret Staal-Kropholler. Architect 1891–1966*, S. 9–14.

10 Ebd., S. 9.

11 „Ik heb nooit bepaald plan gehad om architecte te worden, het is zoo'n beetje vanzelf gegaan." (A. H. Loeff-Bokma: Margaret Kropholler. In: *De Vrouw en Haar Huis*, Winter 1929. Abdruck in: Kuperus / van Kessel: *Margaret Staal-Kropholler. Architect 1891–1966*, S. 10.

sowohl von Staal als auch von Kropholler bemerkt; sie bekam rasch vielseitigere und anspruchsvollere Aufgaben zugeteilt: von der Mithilfe beim Zeichnen von Mobiliar bis zum Design von Möbelstücken und später kompletten Inneneinrichtungen. Schließlich lernte sie das Erstellen von Bauzeichnungen und assistierte beim Zeichnen von architektonischen Entwürfen.[12] Zu diesem Zeitpunkt konnte Margaret auch Vorlesungen an ‚offiziellen' Kunst- und Architekturschulen besuchen: An der School voor Bouwkunde, Versierende Kunsten en Ambachten (Schule für Architektur, dekorative Kunst und Kunsthandwerk) kam sie mit dem Konzept des Gesamtkunstwerks in Berührung, das für die Amsterdamer Schule zentral war, und von 1914 bis 1916 studierte sie an der Academie van Bouwkunst (Akademie der Baukunst) in Amsterdam.[13]

Margarets weitere Karriere im Büro Staal & Kropholler ist ein typisches Beispiel dafür, wie die Partizipation von Frauen in der Architektur oft mit einer spannungsbehafteten Verbindung von Privat- und Berufssphäre einhergeht. Margaret begann im Büro eine Intimbeziehung mit Jan Frederik Staal, der nicht nur zwanzig Jahre älter war, sondern auch verheiratet.[14] 1910 wurde das Architekturbüro Staal & Kropholler aufgelöst. Die Ursache waren die zunehmenden Meinungsverschiedenheiten zwischen Staal und Kropholler: Während Kropholler zum Katholizismus konvertierte und zu traditionellen Formen von Architektur tendierte, identifizierte sich Staal mit dem Sozialismus und stand neuen experimentellen Ansätzen wie denen der Amsterdamer Schule offen gegenüber. Der Konflikt wurde dadurch verschärft, dass Jacobus Kropholler die außereheliche Beziehung zwischen seiner Schwester und seinem Geschäftspartner klar missbilligte. Seine Einstellung war so negativ, dass Staal und Kropholler sich nach der Trennung nie wiedersahen und Margaret und ihr Bruder erst dreißig Jahre später wieder miteinander Kontakt aufnahmen, nachdem Staal bereits verstorben war.[15] Einen großen Teil ihres Berufslebens über arbeitete Margaret in Staals Firma. Obwohl sie dort als freie Architektin tätig war, profitierte sie entscheidend von Staals Förderung ihrer Karriere.

12 Kuperus / van Kessel: *Margaret Staal-Kropholler. Architect 1891–1966*, S. 10.
13 Ebd., S. 13.
14 Ebd., S. 10–11.
15 Ebd., S. 11.

Architektonische Arbeiten für die Amsterdamer Schule

Margaret Kropholler war zwanzig Jahre alt, als man sie 1913 auswählte, die Innenarchitektur für das sogenannte Haus 1913 zu entwerfen. Dieses Haus war ein Schauobjekt für modernes Design und als solches Teil der Ausstellung *De Vrouw 1813–1913*, die anlässlich des 100-jährigen Bestehens des niederländischen Königreichs stattfand.[16] Zu diesem Zeitpunkt war Margaret bereits eine selbstbewusste Designerin: Sie entschied sich, ihr Werk unter dem Pseudonym Greta Derlinge einzureichen, um einer Verwechslung mit ihrem Bruder Jacobus Kropholler vorzubeugen.[17] Bereits als junge Frau begann sie an einem Thema zu arbeiten, das das Leitmotiv ihrer weiteren Karriere werden sollte: dem Entwurf eines Hauses, das die Effizienz der Hausfrau erhöhen sollte. Entsprechend war das Interieur, das sie für die Ausstellung entwarf, technisch gesehen auf der Höhe der Zeit mit Gas, Elektrizität und elektrischer Heizung. Außerdem entwarf sie einen Korridor, der groß genug war, um einen Kinderwagen und einen Beistelltisch durchzuschieben, der auch als Servierbrett benutzt werden konnte. Neben dem Mann sollte auch die Frau des Hauses, so entschied sie, einen Schreibtisch besitzen.[18]

Der Durchbruch als Architektin gelang ihr indes drei Jahre später 1916 im Zusammenhang mit einem kühnen Projekt, das das Landhaus neu definieren sollte. Das Projekt ging auf den wohlhabenden Industriellen Arnold Heystee zurück; er hatte die Vision eines Villendistrikts namens Park Meerwijk im Bergener Seebad. Dieses Projekt gilt heute als eines der entscheidenden Projekte für den Stil der Amsterdamer Schule.[19] Heystee beauftragte Frederik Staal mit der Koordination des Projekts; Staal seinerseits bat eine Reihe von Architekten, die der Amsterdamer Schule angehörten, um Entwürfe für die Villen; unter ihnen war auch Margaret Kropholler. Sie entwarf drei Häuser für das Projekt: die Doppelhaushälften ‚Meerlhuis' und ‚Meezennest' (‚Amselhaus' und ‚Kohlmeisennest') und das Einzelhaus ‚Beukenhoek' (‚Buchenhain'). In Übereinstimmung mit den anderen Entwürfen des Projekts erfand sie pittoreske Häuser, die sich durch ihre plastischen

16 Ebd., S. 11–13.

17 So Krophollers spätere Erklärung im Interview: Elisabeth M. Rogge: Het ‚Huis 1913'. In: *De Vrouw en Haar Huis* 8 (1913), S. 52–56.

18 Kuperus / van Kessel: *Margaret Staal-Kropholler. Architect 1891–1966*, S. 11.

19 Ebd., S. 17–28; Casciato: *De Amsterdamse School*, S. 54–65.

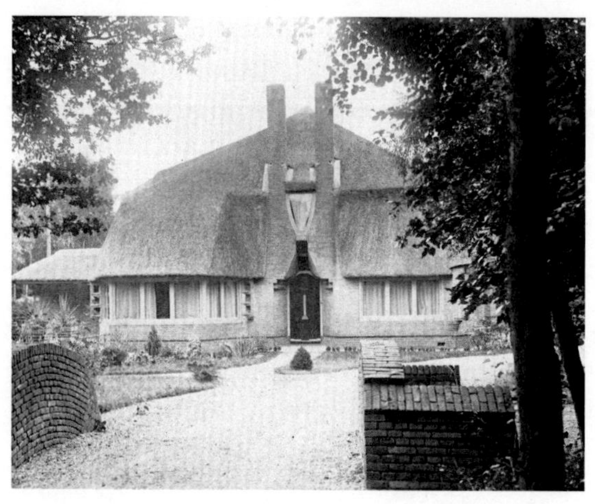

Abb. 2
Margaret Kropholler:
Doppelhaushälften
Meerlhuis und
Meezennest, 1917/18.

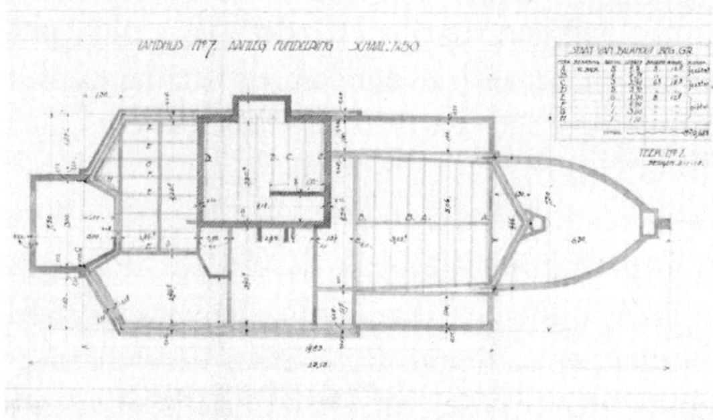

Abb. 3
Margaret Kropholler:
Villa De Beuke-
hoek, 1918, Plan
für Fundament und
Erdgeschoss.

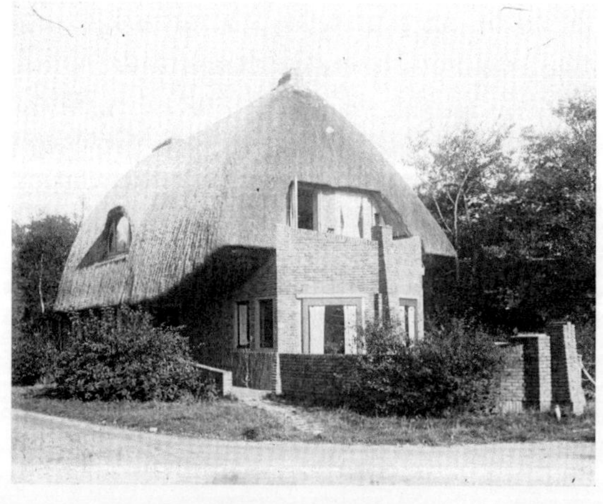

Abb. 4
Margaret Kropholler:
Villa De Beuke-
hoek, 1918, Front
des Hauses in Form
eines Schiffsbugs.
Fotografie: A. J. Bonda.

Volumina, den Einsatz von Backstein und ihre großen reetgedeckten Dächer auszeichneten.[20] Die Villen hatten eine Reihe herausragender baulicher Eigenschaften. An den Doppelhaushälften etwa fällt in der Außenansicht das Paar hoher Schornsteine auf, die den gesamten Eingangsbereich des Hauses umrahmen. Krophollers Villa Beukenhoek hatte die Silhouette eines Schiffs, was wiederum dem Stil der Amsterdamer Schule entspricht, für den die Verwendung der Schiffsmetapher und anderer fantastischer Elemente typisch ist. In vielerlei Hinsicht war Margaret perfekt auf die formalen Experimente der Amsterdamer Schule eingestellt – sie war eine kompetente Architektin innerhalb dieser Bewegung. Gleichzeitig hatte ihre Architektur einen starken geschlechtsspezifischen Charakter. Die Zeitgenossen bemerkten beispielsweise ihren Blick für Details und Einfälle wie Erkerfenster mit eingebauten Futterstellen für Vögel, die von innen gefüllt werden konnten, oder eine Brücke mit festinstallierten Blumenkästen. Bezeichnenderweise wurden diese Elemente von ihnen als ‚typisch weibliche Vorrichtungen' eingestuft.[21] Außerdem arbeitete Margaret weiter an ihrer Mission eines praktischen Hauses für die Hausfrau. Zu diesem Zweck hatte De Beukenhoek eine große Küche, die mit einer sogenannten Küchenterrasse verbunden war, einem Vorbau, der den Zweck hatte zu verhindern, dass die Hausfrau während ihrer Arbeit im Luftzug stehen musste. In der Raumaufteilung waren Wohnzimmer, Küche und der Vorbau nacheinander angeordnet, um ihrer funktionalen Logik zu entsprechen.[22] Auf diese Weise war das formale Experiment nie Zweck seiner selbst: Form wurde gezielt auch verwendet, um die funktionale Effizienz des Hauses zu erhöhen.

Fassaden

1918 zog Margaret mit Frederik Staal in die Weteringchans in Amsterdam. 1919 wurde Margarets Tochter geboren. Für die Zeit einzigartig entschied sich Margaret, kurz nach der Geburt wieder zu arbeiten: Sie

20 Casciato: *De Amsterdamse School*, S. 58.

21 Hendrik Theodor Wijdeveld: Het Park Meerwijk te Bergen. In: *Wendingen* 8 (1918), S. 4–12. Abdruck in: Kuperus / van Kessel: *Margaret Staal-Kropholler. Architect 1891–1966*, S. 27–28.

22 Rixt Hoekstra: ‚De Vrouw des Huizes'. Een onderzoek naar de invloed van het Victoriaans tijdperk op de vrouwelijke deelname aan architectuur van 1840 tot 1930. In: *AKT over Kunst* 2 (1992), S. 30–39, hier S. 37.

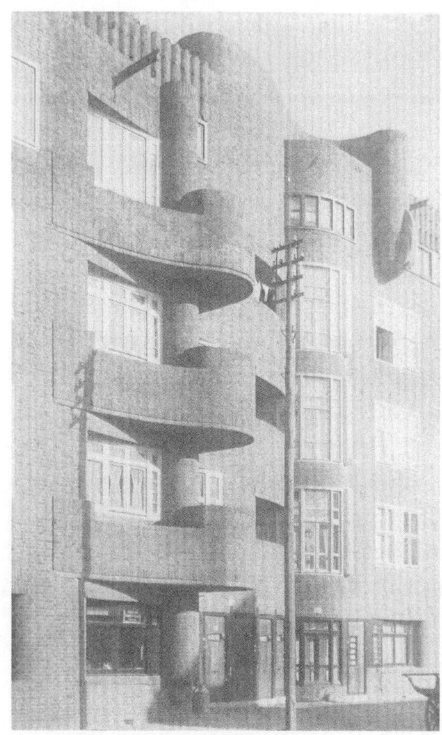

Abb. 5
Margaret Kropholler: Fassade Holendrechtstraat/ Uithoornstraat mit wellenartigen Balkonen, 1921.

engagierte ein Kindermädchen, um ihr zu helfen. In den 1920er Jahren erhielt Margaret zwei angesehene Aufträge zum Entwurf großer Häuser im südlichen Teil von Amsterdam (Holendrechtstraat / Jozef Israëlkade) und in Amsterdam-West (Orteliusstraat / Jan van Galenstraat). Damit war Margaret zum ersten Mal in ein Projekt der Amsterdamer Schule eingebunden, das in explizit urbanem Kontext stand. Erneut spielte Frederik Staal eine entscheidende Rolle bei der Einholung dieser Aufträge.

Der Plan für die Holendrechtstraat war Teil von Berlages Plan Süd. Er basierte auf einer neuartigen Kollaboration zwischen Stadtrat und privaten Unternehmen: 70 Bauunternehmer erhielten die Genehmigung zum Bau von ungefähr 2.000 Wohnunterkünften für die Mittelschicht.[23] Diese Unternehmen, zusammengeschlossen in der ‚Amstel Baugenossenschaft' konnten diese Häuser mit Hilfe staatlicher Subventionen errichten. Die Häuser hatten streng standardisierte Ausmaße

23 Casciato: *De Amsterdamse School*, S. 140–146.

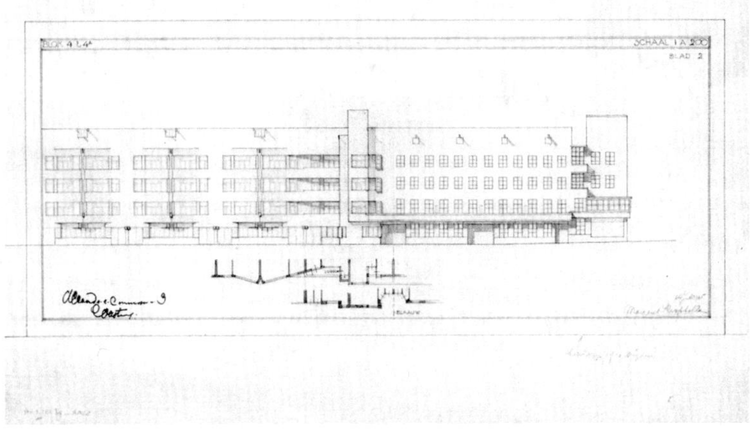

Abb. 6: Margaret Kropholler: Fassade Orteliusstraat,
Ansicht im Übergang zum Häuserblock von L. J. Blaauw, 1925.

und Teile; Unterschiede wurden nur mit Blick auf die Raumaufteilung der vier Zimmer und deren Anordnung auf den Stockwerken zugelassen. Diese Vorgaben waren so eng gefasst, dass die Architekten nur zum Entwurf der Fassaden hinzugezogen wurden. Im Auftrag der Amstel Baugenossenschaft wurde ein Komitee, zusammengesetzt aus den Architekten der Amsterdamer Schule Jan Gratema, Jan de Meyer, Jan Frederik Staal und Allard Remco Hulshoff, mit der Leitung des Projekts und der Erstellung des architektonischen Bildes beauftragt. Das Komitee hatte auch wichtigen Anteil an der Wahl der Architekten, die die Fassaden entwerfen sollten. Letztlich war es dieses innovative Vorgehen der öffentlich-privaten Zusammenarbeit, das der Amsterdamer Schule ihren schlechten Ruf einbrachte. Die Kritik vieler richtete sich auf den Umstand, dass die Rolle des Architekten nun auf den Entwurf der Fassade reduziert blieb, was zu einer Art ‚Maskeraden'-Architektur geführt habe.

Margaret Kropholler freilich profitierte von der neuen Situation: Ihre Fassadendesigns wurden weithin gelobt. In der Holendrechtstraat entwarf sie, wie viele andere Architekten, eine zurückhaltendere Form der Architektur der Amsterdamer Schule, womit sich ihre Identität noch erhalten ließ.[24] Sie plante dreidimensionale skulpturale Fassaden, die

24 Kuperus / van Kessel: *Margaret Staal-Kropholler. Architect 1891–1966*, S. 33–37.

vor allem durch ihr Wellenmuster gekennzeichnet sind: zwei Meter dicke Backsteinbalkone, die aus der Fassade zu fließen scheinen. Ihrer Mission treu bleibend versuchte sie die Baufirmen zu einer Verbesserung der Raumaufteilung zu überreden – ein Ehrgeiz, der mitunter zu Spannungen führte, weil die Bauunternehmer mehr Interesse an billigen Lösungen hatten.

Kropholler zunehmendes Ansehen mag Anteil an der Einrichtung einer weiteren Kommission im Westteil der Stadt gehabt haben. Das war um das Jahr 1925, als die ausdrucksstärkste Phase der Amsterdamer Schule bereits vorbei war. Einer der innovativsten Architekten der Schule Michel de Klerk war 1923 gestorben; auch hatten ökonomische Schwierigkeiten eine nüchternere Version der Amsterdamer Schule ins Leben gerufen. Die Fassaden, die Staal-Kropholler in der Orteliusstraat entwarf, wiesen keine bildhauerische Überschwänglichkeit mehr auf; stattdessen zeichneten sie sich durch einen strengen Rhythmus aus, der von einer Reihe vorstehender geometrischer Erkerfenster bestimmt wurde. Im Stil der Amsterdamer Schule wird der Rand der Fassade, wo Krophollers Design mit dem von Cornelis Jouke Blaauw zusammentrifft, durch eine Innenloggia und einen turmartigen Anbau betont.[25]

Fazit

Der Fall Margaret Kropholler verdeutlicht die Beziehungen zwischen Architektur und Geschlechterfragen. Ihr Leben illustriert, wie sie sich ihren Platz in der Welt durch ein starkes Netzwerk aus Verwandten und Freunden zu sichern wusste. In der Tat war Architektur in den Niederlanden ein Feld, zu dem Frauen nur sehr schwer Zugang fanden. Margaret Kropholler war nicht die einzige Frau mit architektonischen Ambitionen: Zum Beispiel gab es noch die Weberin und Bauhaus-Schülerin Kitty van der Mijll-Decker (1908–2004), die ernstlich eine Karriere als Architektin anstrebte, dann aber aufgab und den Rest ihres Lebens Textilweberin blieb.[26] Margaret Kropholler profitierte zu einem großen Teil von der Unterstützung ihres Ehemanns Jan Frederik Staal; entsprechend hatte sie nach seinem Tod im Jahr 1940 viel größere Schwierigkeiten, als Architektin zurechtzukommen. Es ist auch kein

25 Kuperus / van Kessel: *Margaret Staal-Kropholler. Architect 1891–1966*, S. 40–45.
26 Marjan Groot: *Vrouwen in de Vormgeving 1880–1940*, S. 399.

Zufall, dass Margaret Krophollers produktivste Phase als Architektin in die Zeit fällt, als sie für die Amsterdamer Schule arbeitete. Denn die Amsterdamer Schule ist ein Beispiel für eine Baukunstbewegung, die Wohnarchitektur und angewandte Kunst bevorzugte. Diese veränderte Prioritätensetzung begünstigte die Mitarbeit von Frauen in den Bereichen dekorative Kunst, Innenarchitektur und schließlich Architektur. Weiterhin ist von Bedeutung, dass die Amsterdamer Schule auf dem Konzept des Gesamtkunstwerks und der Einheit des Designs beruhte. Dies kam nicht nur Margarets Vielseitigkeit als Designerin entgegen – neben anderen war sie auch Graphikdesignerin für die Titelbilder der Zeitschrift *Wendingen* –, sondern erlaubte ihr auch eine organische Weiterentwicklung vom Mobiliar zur Innenarchitektur bis hin zur Architektur. Gleichwohl verstärkte die Arbeit von Frauen in diesen Bereichen die kulturellen Stereotypen der Häuslichkeiten und die Idee der separaten Sphären von Mann und Frau. Das war nicht zuletzt der paradoxe Effekt von Margarets Kampf für die ‚Rechte der Hausfrau' und ihrer Appelle für funktionale, effiziente Häuser. Vor diesem Hintergrund ist es interessant, dass das Werk von Margaret Kropholler von den zeitgenössischen Architekten und Journalisten als ‚typisch weibliche Architektur' eingestuft wurde. Der Architekt Hendrik Theodor Wijdeveld etwa sah in Staal-Krophollers Entwürfen Beispiele für ‚weibliche Schüchternheit und Sparsamkeit'.[27] Ihre Arbeit wurde auch von weiblichen Journalisten diskutiert, die für Frauenmagazine schrieben. Sie nahmen ihre Aufgabe, über die Errungenschaften der ersten niederländischen Architektin zu berichten, sehr ernst, blieben aber der bürgerlichen Ideologie der Trennung der Sphären von Mann und Frau verpflichtet. Die Journalistin Ita Kreunen-Mees etwa beurteilte Staal-Krophollers Entwürfe einzig danach, inwiefern sie einer Hausfrau angemessen seien.[28] Freilich vertrat auch Margaret Staal-Kropholler selbst die Lehre von den separaten Bereichen als Grundlage ihrer eigenen Arbeit. Sie war der Meinung, dass sie als Kombination aus Hausfrau und Architektin diesem Ziel am besten gerecht werden könnte. Aus diesem Grund akzeptierte sie den Umstand, dass die Gesellschaft weibliche Architekten auf die Gestaltung von Wohnraum festlegte.

27 Wijdeveld: Het Park Meerwijk te Bergen, S. 6.

28 Kuperus / van Kessel: *Margaret Staal-Kropholler. Architect 1891–1966*, S. 20; Groot: *Vrouwen in de Vormgeving 1880–1940*, S. 29–40.

Im Allgemeinen blieb ihre Architektenkarriere innerhalb der Amsterdamer Schule auf das ‚Domestik-Ghetto' beschränkt, für das sie, wie gezeigt worden ist, ihre Erfahrung im Haus und ihre Weiblichkeit besonders qualifizierten.

Aus dem Englischen von Kristin Eichhorn

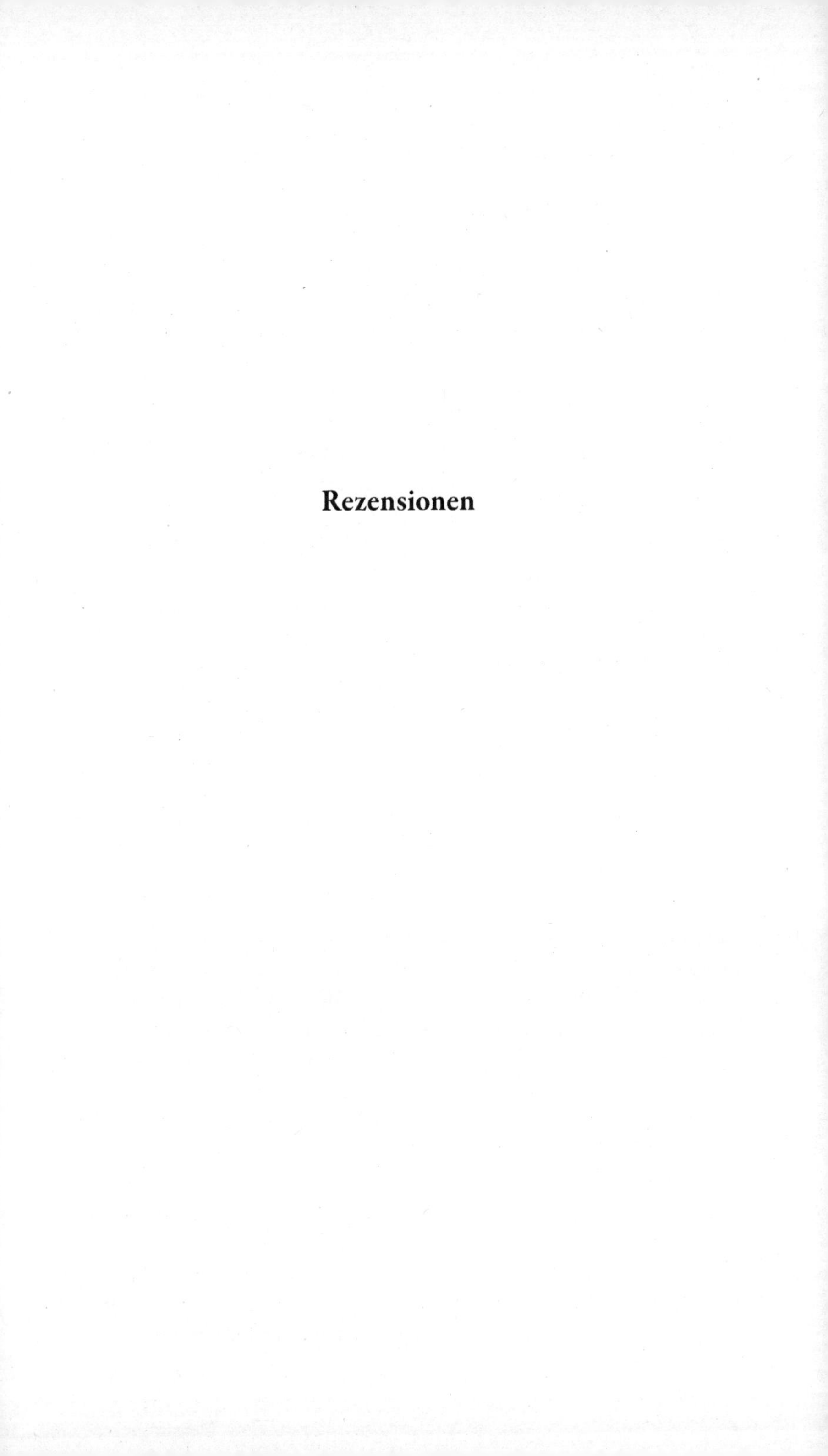

Rezensionen

Nicht nur die Liebhaberinnen expressionistischer Künstler

Podium über deutsche Expressionistinnen bei der Tagung der Northeast Modern Language Association (NeMLA) in Hartford, CT (2016)
Rezensiert von Julie Shoults

Trotz ständigen Interesses am Expressionismus allgemein und wachsendem Fokus auf Expressionistinnen insbesondere gibt es immer noch zu wenig Beschäftigung mit den Werken dieser Frauen. Dieser Mangel war der Auslöser, dieses Podium bei der jährlichen Tagung der Northeast Modern Language Association zu organisieren. Am 18. März 2016 präsentierten vier Referentinnen ihre Forschung in Hartford, CT, während ich als Moderatorin fungierte.

Als Erste sprach Hannah Rose Blakeley über Käthe Kollwitz, aber statt Mutterschaft oder Weiblichkeit zu thematisieren, wie es oft der Fall bei Kollwitz ist, beschäftigte sich Blakeley eher mit der expressionistischen Kunsttechnik von Kollwitz. Genauer untersuchte sie den berühmten Zyklus *Ein Weberaufstand* (1893–97) in Bezug auf Kollwitz' Darstellung der ArbeiterInnen im Gegensatz zu Gerhart Hauptmanns Drama *Die Weber* (1893), das Kollwitz inspirierte. Obwohl Hauptmanns Theaterstück Aspekte von Naturalismus und Tragik enthält, die Mitleid erregen können, behauptete Blakeley, dass die Lithographie und Radierungen des Zyklus vielmehr eine epische Form zum Ausdruck bringen. Außerdem argumentierte sie, dass Kollwitz die Sozialstrukturen deutlich mache, die für die Unterdrückung der ArbeiterInnen verantwortlich waren. Damit verband Kollwitz den Lebensumstand der Armen mit den sozialpolitischen Verhältnissen dieser Zeit, und in diesem Sinn enthält ihre Kunst eine wirksame soziale Macht.

Danach sprach Katy Klaasmeyer über die expressionistischen Malerinnen Gabriele Münter und Marianne Werefkin. Laut Klaasmeyer stehen die romantischen Beziehungen dieser Frauen mit berühmten Künstlern oft im Mittelpunkt der Forschung, obwohl sie deutlich unabhängig von diesen Männern künstlerisch arbeiteten. Sie wurden auch häufig mit kindlichen Begriffen bezeichnet oder mit ablehnenden Kommentaren bedacht, aber die Mitwirkung als Frauen im Bereich von bildender Kunst allgemein und Expressionismus im Besonderen ist erheblich. Münter experimentierte mit Form, während Werefkin sich eher mit Farben und Kunsttheorie beschäftigte, insbesondere im Zusammenhang mit ihrem Konzept vom „Gleichklang“. Klaasmeyer erörterte die Gemeinsamkeiten und Unterschiede bei diesen Künstlerinnen und auch zu den expressionistischen Gruppen Die Brücke und Der Blaue Reiter im historischen Kontext, um den Einfluss dieser Frauen festzustellen.

Statt Gendertheorie anzuwenden, führte Anke Finger eine neue Herangehensweise ein, die auf den ‚Sensory Studies' basiert. Der Ausgangspunkt dieses aktuellen Forschungsbereichs ist es, die Sinne und Sinneswahrnehmungen, die sozial und kulturell geprägt sind, zu untersuchen. Finger ging auf die künstlerische Erfindung der Realität durch die Haptik ein, die eng mit dem Alltag oder Alltäglichem verbunden ist. Oft werden Sehen und Hören in der Forschung bevorzugt behandelt, jedoch behauptete Finger, dass Expressionistinnen verstärkt auch die anderen Sinne einbezogen und so Forschungspotential bieten. Als Beispiele wies sie auf Gertrude Steins *Tender Buttons* (1914) und Elisabeth Jansteins *Die Telephonistin* (1920) hin, in denen der Körper, Gewohnheitsbewegungen und Sinne wie Schmecken, Tasten und Riechen im Mittelpunkt stehen. Zum Abschluss sprach Finger über die zentrale Rolle des Körpers in Claire Golls *Der Neger Jupiter raubt Europa* (1919/1926), worin Haut(farbe) und intime körperliche Begegnungen wesentlich sind.

Ute Bettray führte das Gespräch über Golls Roman weiter, aber sie beschäftigte sich eher mit dem Topos Haar und stellte die vorliegende Forschung über den Roman infrage. Im Gegensatz zu anderen argumentierte Bettray, dass Goll rassistische Stereotypen nicht weiterführe, sondern kritisiere. Wenn man den Topos Haar verfolgt und die Erzählinstanz in diesem Roman analysiert, zeigt sich laut Bettray, dass Goll solche Stereotypen als schädlich darstellt. Der Protagonist Jupiter internalisiert diese Stereotypen und versucht, sich in die weiße Gesellschaft durch seine Ehe mit Alma zu integrieren. Leider erreicht er sein Ziel nicht und sieht sich nur als Untermensch. Doch deutete Bettray Jupiter und Almas Tochter Marianne, mit ihren langen schwarzen Locken, als eine Figur gegen Kolonialismus und Rassismus. Durch die Erzählinstanz setze Goll sich von schädlichen rassistischen Stereotypen ab, indem die Autorin mittels ihrer Erzählperspektive eine ironische Distanz zu diesen Stereotypen herstellt und deren Destruktivität dadurch verdeutlicht, dass sie auf Jupiters Internalisierung jener Vorurteile und die selbstzerstörerischen Folgen einer solchen Verinnerlichung fokussiert.

Bemerkenswerte Erkenntnisse dieser Vorträge sind die Beschäftigung der Expressionistinnen mit sozialen Fragen der Zeit und ihre bahnbrechenden Beiträge zum Expressionismus. Spannend fanden wir die Frage, ob wir über diese Künstlerinnen sprechen können, ohne ihre Liebesbeziehungen zu besprechen. Im Falle von Frauen wie Münter, Werefkin und Goll machten diese Beziehungen zu oft einflussreichen männlichen Künstlern es leichter, ihre Werke zu verbreiten, weil zu dieser Zeit die Veröffentlichung eng mit männlicher Macht verbunden war. Trotzdem bewies das Podium, dass diese Frauen so begabt waren, dass ihnen unbedingt Aufmerksamkeit gebührt, ganz unabhängig von den Männern in ihrem Leben.

„Bin doch schon bei meiner Lebzeit gestolpert mitten im Höllenritt" – Peter Baums Novellen

Peter Baum: *Im alten Schloß. Novellen.*
Mit einem Essay hrsg. v. Martin A. Völker.
Rezensiert von Norbert W. Schlinkert

Der Novellenband *Im alten Schloß* von Peter Baum (1869–1916) erschien 1908 in Berlin bei Paul Cassirer. Die sechs Novellen, nun im Elsinor Verlag neu herausgegeben von Martin A. Völker, bieten dem heutigen Leser einen tiefen Einblick in die düstere und abgründige Gedankenwelt des literarischen Frühexpressionismus.

Bereits in der titelgebenden ersten Novelle tauchen nahezu all die Motive auf, denen Peter Baum sich widmet. In *Im alten Schloß* fügt er eine kurze Rahmenhandlung einem sehr alten, auf dem Dachboden des Schlosses gefundenen Manuskript eines unbekannten Vorbesitzers hinzu. Der neue Besitzer versenkt sich lesend in ihm. Es stammt aus einer Zeit lange vor der seines Großvaters, der das Schloss einst kaufte. Noch bevor der Auszug aus dem Manuskript präsentiert wird, ist die Quintessenz deutlich vermerkt. „Wir mögen", so heißt es, „das Edelste oder das Schlechteste tun, es wird in der Ewigkeit keine Wimpernbewegung sein" (S. 7), ja über den Lesenden kommt gar die „Sehnsucht, etwas zu begehen, Frevel, bei denen wir aufschreien vor Entsetzen. Damit in der Zeit doch etwas empfunden wird." (ebd.) Denn auch, so heißt es weiter, „das Böse stirbt. Aber es ist doch ein Schrei über der Ewigkeit, den Gott hören sollte." (S. 8) Peter Baum legt in erzählender Form dar, was (der zu Beginn des 20. Jahrhunderts stark diskutierte) Friedrich Nietzsche in *Menschliches, Allzumenschliches* betont, dass nämlich der Mensch weder für seine Taten noch für sein Wesen verantwortlich sei und Richten und Über-sich-selbst-Richten so viel als ungerecht sei, eben deswegen, weil der Mensch sich zwar für frei halte, nicht aber frei sei.[1]

Der Kern der Novelle besteht schließlich aus einer Art eigener Lebensbeschreibung im Stile des frühen 18. Jahrhunderts. Die Vergangenheit des mit „abgezwackten Füßen" (S. 8, 14) vor sich hin lebenden Schlossherren wird dem Leser ohne jede Beschönigung vor Augen geführt, seine rücksichtslose Wollust, sein Jähzorn, die Vergewaltigungen, Misshandlungen und Morde, vor allem aber auch sein zwiespältiger Glaube an Gott. So heißt es, er begreife leicht, „daß wir selbst Gott seien und er ohne mich keinen Nu leben könne. Das wird ihn aber nicht hindern, uns in den tiefsten Höllenpfuhl zu werfen." (S. 9) Zugleich aber glaubt er an den Teufel als den „Fürsten

1 Friedrich Nietzsche: *Sämtliche Werke. Kritische Studienausgabe.* München / Berlin / New York: de Gruyter 1988, Bd. 2, S. 64.

des Erdkerns“, als „Saatkorn der ewigen Qual.“ (S. 14) Zudem spielen seine bereits in der frühen Jugend ausgelebten sexuellen Obsessionen eine wichtige Rolle, und auch dieses Motiv findet sich in den weiteren Novellen des Bandes wieder, offen oder verklausuliert. In *Erlösung der geistig Armen* (die einzige Novelle, die ganz in der ersten Person Singular verfasst ist) erinnert sich der Ich-Erzähler etwa an seine erste, unglückliche Liebe in jungen Jahren und an die lustvolle Annäherung auf eben jenem Friedhof, auf dem der Vater des Mädchens begraben liegt. Selbst schon die ganz jungen Menschen sind nicht glücklich in der Welt, die Peter Baum beschreibt.

Baum gestaltet seine Novellen in einer metaphernreichen, kraftvollen, zugleich aber auch abgründigen Sprache, die dem Leser keinerlei Sicherheit oder Ruhepunkte bietet und ihn so geradezu zwingt, intensiv lesend sich einzulassen und auf jedes Wort, jede Wendung und selbst jeden Gedankenstrich zu achten. Vieles bleibt widersprüchlich und unfassbar, weil die Figuren in sich zerrissen sind und an Seele und Körper, an ihren Taten, Gedanken und Gelüsten leiden. Die sechs Novellen des Bandes sind insgesamt eine überaus lohnende Lektüre, durchaus nicht nur für die Liebhaber expressionistischer Literatur, sondern auch für all jene, die mehr als nur Unterhaltung von literarischen Werken erwarten. Der den Band abschließende, kenntnisreiche Essay *Atome, Mehlstaub, Wolkenwölfe: Modernität und Krisis bei Peter Baum* von Martin A. Völker bietet schließlich darüber hinaus einen tiefen und erhellenden Einblick in den kulturellen und literarischen Kontext, in dem Baum als Schriftsteller wirkte.

Peter Baum: *Im alten Schloß. Novellen.*
Mit einem Essay hrsg. v. Martin A. Völker.
Elsinor. Coesfeld 2015, 112 S.
Taschenbuch 12,80 € (ISBN 978-3-942788-25-0).

Abbildungsverzeichnis

Hörstmann: Südafrikanische Expressionistinnen in Berlin

Abb. 1: Irma Stern: *Ewiges Kind*, 1916, Öl auf Holz, 73,7 x 43,2 cm. Rupert Foundation.

Abb. 2: Maggie Laubser: *Landscape with Harvesters in Wheatfield*, 1926, Holzschnitt, 17,5 x 12,5 cm. Sanlam Foundation. © The Estate of Maggie Laubser | DALRO

Martina Dlugaiczyk: Von non-finito Skulpturen bis Dioramen

Abb. 1: Tina Haim-Wentscher: *Bildnis der Käthe Kollwitz*, 1926, Gips, Ort: unbekannt.

Abb. 2: Tina Haim-Wentscher: *Bildnis der Käthe Kollwitz*, 1926, Tonmergel, H. 33,7 cm (ohne Sockel). Staatliche Museen Berlin, Neue Nationalgalerie. © bpk / Nationalgalerie, SMB / Roman März.

Abb. 3: Tina Haim-Wentscher: *Porträt meiner Schwester*, 1909, Kalkstein, Ort: unbekannt.

Abb. 4: Tina Haim-Wentscher: *Tilla Durieux*, um 1915, schwedischer Marmor, Ort: unbekannt.

Abb. 5: Tina Haim-Wentscher: *Katta Sterna*, vor 1923 , Holz, Ort: unbekannt.

Abb. 6: Anonym: *Wohnung James Simons in der Kaiserallee 23*, zw. 1927 u. 1930, Fotografie. © Archiv Leo Baeck Institut, New York.

Abb. 7: Grußkarte von Tina Haim-Wentscher mit einer Fotografie der *Tänzerin*, o. D., Metall, H. 38cm, Ort: unbekannt.

Abb. 8: Tina Haim-Wentscher: *Tristesse*, o. D., Holz, H. 62cm. © McClelland Collection, Melbourne.

Abb. 9: Tina Haim-Wentscher: *Theodor Däubler*, nach 1924, Stein, Ort: unbekannt.

Marina Linares: Käthe Kollwitz

Abb. 1: Käthe Kollwitz: *Weiblicher Rückenakt auf grünem Tuch*, 1903, Kreide- und Tusche-Lithographie mit Schabtechnik in drei Farben (dunkelblauer Zeichenstein, zwei Tonsteine in Grün und Ockerfarben, jeweils partiell mit Schabtechnik bearbeitet), überarbeitet mit farbigen Kreiden, 62,6 x 47,2 cm. Kunsthalle Bremen – Der Kunstverein in Bremen – Kupferstichkabinett. Aus: Elizabeth Prelinger (Hrsg.): *Käthe Kollwitz*. Ausstellungskatalog National Gallery of Art, Washington, D.C. New Haven / London: Yale UP 1992, S. 47.

Abb. 2: Käthe Kollwitz: *Szene aus Germinal*, 1893, Radierung (Nadelätzung mit Schmirgel) und Kaltnadel, mit Plattenton gedruckt auf leicht rötlichem Kupferdruckpapier, 23,7 x 52,6 cm / 30,2 x 59,3 cm. Käthe-Kollwitz-Museum Berlin. Aus: Martin Fritsch (Hrsg.): *Käthe Kollwitz*. Bestands katalog des Käthe-Kollwitz-Museums Berlin. Leipzig: Seemann 1999, S. 73.

Abb. 3: Käthe Kollwitz: *Aus vielen Wunden blutest Du, o Volk*, zwischen 1893 und 1897, Nadelätzung, Kaltnadel, Aquatinta und Polierstahl, 12,9 x 33,5 cm. Käthe Kollwitz Museum Köln, Werkverzeichnisnr. Kn 32 II.

Call for Papers: Wahnsinn

Expressionismus, Ausgabe 06/2017
Herausgegeben von Kristin Eichhorn und Johannes S. Lorenzen

Nicht nur als radikalster Gegenentwurf zur bürgerlichen Kultur, sondern auch als ein Hauptmerkmal expressionistischer Ästhetik an sich kann die überaus vielschichtige und über alle Kunstformen hinweg auftretende Thematisierung von psychischen Extremzuständen und Geisteskrankheit angesehen werden. Nachdem um die Jahrhundertwende herum die Psychoanalyse den Begriff des Unbewussten prägte und damit einhergehend Gesellschaft, Individuum und Sexualität unter gänzlich neuen Prämissen dachte, beschäftigte sich der nur wenig später aufkommende Expressionismus in Kunst, Literatur und besonders dem neuen Medium Film mit psychischen Vorgängen, sexueller Motivik, Traum- und Rauschzuständen und Sigmund Freuds Überlegungen zu „Ich“ „Es“ und „Über-Ich“. Aber auch der „Irre“ und seine scheinbar unverstellte und nicht genormte Wahrnehmung von Welt und Subjekt sowie sein Außenseiterstatus in der Gesellschaft des Kaiserreichs sind besonders in bildender Kunst und Literatur häufig vorkommende Bilder und Konzepte.
Von dem bewusst zugespitzten Stichwort ‚Wahnsinn‘ ausgehend möchte die sechste Ausgabe von *Expressionismus* nicht nur die Darstellung und Funktion psychischer Krankheiten in expressionistischer Kunst behandeln, sondern auch breiter die Frage stellen, welche Theorien für die Diskussion generell leitend sind. U.a. wäre auch zu berücksichtigen, dass die Kunsttheorien im Unterschied vor allem zum Naturalismus die Erklärbarkeit menschlichen Verhaltens anhand von festen Psychogrammen ablehnen, ihr Fokus aber deshalb umso mehr auf psychischen Vorgängen und Anomalien liegt.
Die Beiträge können einerseits Darstellungskonventionen von Wahnsinn und Geisteskrankheit in Literatur und bildender Kunst als auch im Film betreffen. Andererseits sind sozialgeschichtliche und diskurstheoretische Fragestellungen denkbar sowie Beiträge zur Psychiatriegeschichte, die die Basis beleuchten, auf der die expressionistische Ästhetik beruht. Auch psychoanalytische Fragestellungen zur Aufnahme der Topoi und Bilder aus Sigmund Freuds Theorien in Literatur und Kunst sind willkommen.

Abstracts zu diesen, aber gerne auch anderen Themen von nicht mehr als 2.000 Zeichen sind bis zum 1. Januar 2017 an eichhorn@neofelis-verlag.de und lorenzen@neofelis-verlag.de zu senden. Zudem werden unabhängig vom Thema des Hefts auch immer Vorschläge für Rezensionen oder Diskussionsbeiträge zu aktuellen Forschungsdebatten entgegengenommen, die Phänomene der aktuellen Expressionismus-Rezeption vorstellen und besprechen.

Die fertigen Beiträge sollen einen Umfang von 20.000 Zeichen (inkl. Leerzeichen und Fußnoten) nicht überschreiten und sind bis zum 1. Juni 2017 einzureichen. Das Heft erscheint Anfang November 2017.

Expressionismus

hrsg. von Kristin Eichhorn
zusammen mit Johannes S. Lorenzen

Bisher erschienen
01/2015 – *Künstlerkreise*
02/2015 – *Der performative Expressionismus*
03/2016 – *Religion*
04/2016 – *Expressionistinnen*

In Planung
05/2017 – Der Sturm *und* Die Aktion
06/2017 – *Wahnsinn*

Außerdem im Neofelis Verlag erschienen

Olga Meerson-Pringsheim
Eine russisch-jüdische Malerin im Umfeld von Wassily Kandinsky, Henri Matisse und Hedwig Pringsheim

– Wiederentdeckung einer vergessenen jüdischen Malerin der Moderne –

Biografie von Robert Jütte
ISBN: 978-3-95808-455-1
mit 24 Farb- u. 21 S/W-Abbildungen
322 S., 22 €

Arbeiten zwischen Medien und Künsten
Feministische Perspektiven auf die erste Hälfte des 20. Jh.s

– Kunstwerke, Medienerzeugnisse und Arbeitsbedingungen von Frauen in Zirkus, Theater, Musik, Film, Rundfunk, Verlagswesen und Fotografie –

hrsg. von Friederike Oberkrome / Lotte Schüßler
ISBN: 978-3-95808-416-2
mit 25 Farb- u. 21 S/W-Abbildungen
260 S., 27 €

Gegen die Wand
Subversive Positionierungen von Autorinnen und Künstlerinnen

– Sich vermauern, um sich einen Freiraum zu erobern: Schöpferisches Gegen-die-Wand-Angehen in Literatur, Kunst und Performance –

hrsg. von Julia Freytag / Astrid Hackel / Alexandra Tacke
ISBN: 978-3-95808-255-7
mit 6 Farb- u. 100 S/W-Abbildungen
344 S., 28 €